Andrea Erkert

Schule aus !

Spiele und Aktionen für die
Ganztagsbetreuung von Grundschulkindern

Andrea Erkert

Schule aus !

Spiele und Aktionen für die Ganztagsbetreuung von Grundschulkindern

HERDER

FREIBURG · BASEL · WIEN

Gedruckt auf umweltfreundlichem, chlorfrei gebleichtem Papier
Umschlaggestaltung: R M E Roland Eschlbeck/Rosemarie Kreuzer
Umschlagfoto und Fotos im Innenteil: Hartmut W. Schmidt, Freiburg
Layoutentwurf und Produktion: art und weise, Freiburg
Lektorat: Beate Vogt, Freiburg

© Verlag Herder Freiburg im Breisgau 2005
www.herder.de
Druck und Bindung: fgb · freiburger graphische betriebe 2005
www.fgb.de
ISBN 3-451-28695-5

Inhalt

3. Ankommen, Ruhe finden und Kraft tanken
Mitmachideen zur Förderung der inneren Achtsamkeit

4. Jetzt wird nicht mehr still gesessen!
Spiele und Aktionen zur Förderung von Bewegungsfreude und Motorik

5. Die Hausaufgaben leichter bewältigen
Spiele und Aktionen zur Förderung der Konzentrations- und Merkfähigkeit

6. Den Bildern Flügel geben
Mitmachideen zur Förderung von Fantasie und Kreativität

7. Musik entdecken und erleben
Spiele zur Förderung des Rhythmusgefühls und der Bewegungsfreude

8. Selbstbewusst und stark im Alltag

Spiele und Aktionen zur Stärkung des Selbstvertrauens

Vorwort

Schule aus! Mit einem dicken Ausrufezeichen versehen ist das für einige Grundschulkinder der Startpunkt in die heiß geliebte Freizeit. Endlich toben, rennen, mit Freunden spielen! Für andere Kinder ist der Schulvormittag anstrengend, sie haben das Bedürfnis, sich ein wenig auszuruhen, bevor sie sich in den Nachmittag wagen. Und wieder andere suchen das Gespräch mit den Erwachsenen, sie suchen persönliche Zuwendung, z.B. weil sie ein belastendes Erlebnis hatten.

Die Schule ist aus. Ein neuer Tagesabschnitt beginnt. Jedes Kind bringt etwas mit, jedes Kind hat unterschiedliche Bedürfnisse. Nun geht es in der Ganztagsbetreuung von Grundschulkindern zunächst darum, dass die Kinder in aller Ruhe ihr Mittagessen verzehren und dann ihre Hausaufgaben erledigen. Betreuung nach der Schule heißt aber auch, dass die Kinder ankommen können – in kindgerecht gestalteten Räumen, die ihren unterschiedlichen Bedürfnissen (Ruhe, Rückzug, Kommunikation, Bewegung und Spiel, Schularbeiten) gerecht werden, dass sie dort verlässliche Ansprechpartner und kontinuierliche Bezugspersonen finden, sich in einem übersichtlichen Tagesablauf mit nachvollziehbaren Regeln orientieren können und vor allem natürlich: dass die Kinder Zeit und Gelegenheit haben zum Spielen.

Spielen ist mehr als ein bloßer Zeitvertreib. Es ist eine nicht zu unterschätzende Lernform des Kindes. Spielerisch und in Bewegung lernen Kinder ihre Welt zu entdecken, zu erforschen und zu begreifen. Im Umgang mit gleichaltrigen Spielkameraden lernen sie, miteinander zu teilen, aufeinander einzugehen und Konflikte gemeinsam zu regeln. Soziale Beziehungen und Sprachkompetenzen erproben sie in Rollenspielen, die im Grundschulalter zunehmend wirklichkeitsbezogener werden. Im freudigen, intensiven Spiel werden Fähigkeiten wie Konzentration und Ausdauer gefördert, die die Kinder für die Schule brauchen.

Möglichst selbstständig sollten die Kinder ihre freie Zeit gestalten. In diese Selbstständigkeit wachsen sie langsam hinein – so brauchen sie möglicherweise anfänglich die Hilfe und Unterstützung von Erwachsenen bei der Anfertigung der Hausaufgaben. Wenn sie gelernt haben, zu lernen, schaffen sie's allmählich allein. Ähnliches gilt für das kindliche Spielen. Auch hier kann die Hilfestellung Erwachsener anregend sein, kann dazu beitragen, dass die Kinder unterschiedliche Spielformen entdecken und selbstständig weiterführen.

Neben Möglichkeiten zum freien Spielen und Experimentieren tragen daher Spielangebote dazu bei, die Interessen, Fähigkeiten und Möglichkeiten der Kinder zu erweitern. Es sollten sinnvolle Spielangebote sein, die dem Entwicklungsstand der Kinder entsprechen.

Ich habe für Sie in diesem Buch eine bunte Palette an Spielen, Aktionen und Mitmachideen zusammengestellt, die sich auf die tägliche Lebenswirklichkeit, das Können und die Bedürfnisse des Schulkindes beziehen. Jedes der acht Kapitel eröffnet einen Möglichkeitsraum: Sie finden thematisch geordnet Spielideen, die den Kindern jeweils wichtige Erfahrungs- und Erlebnisräume eröffnen:

- sich seiner Gefühle bewusst werden und diese angemessen ausleben,
- darauf achten, dass Menschen unterschiedlich sind und unterschiedliche Fähigkeiten haben,
- sich entspannen und sich ausruhen,
- Regeln fürs gemeinsame Spiel finden und akzeptieren,
- das Lernen lernen,
- sich mit unterschiedlichen Materialien kreativ ausdrücken,
- Musik erleben,
- mit Selbstvertrauen selbstständig den Alltag bewältigen.

Ich habe bei der Auswahl der Spielideen großen Wert darauf gelegt, dass sämtliche Spiele und Aktionen ohne großartige Vorbereitungen umgesetzt werden können. Für einen raschen und schnellen Überblick sind den einzelnen Spielen und Aktionen Angaben zur Gruppengröße und zu den benötigten Materialien vorangestellt. Auf eine Altersangabe zu den einzelnen Mitmachideen wurde bewusst verzichtet, da zum Mitspielen nicht das Alter, sondern der individuelle Entwicklungsstand der Kinder maßgebend ist.
Nicht zuletzt stehen bei den folgenden spiel- und erlebnisorientierten Aktivitäten die Spiellust und die Lernfreude stets im Vordergrund.

In diesem Sinne wünsche ich Ihnen und Ihren Kindern viel Spaß mit den vorliegenden Spielen und Aktionen!

Ihre
Andrea Erkert

1.
Was gab es heute in der Schule?

Mitmachideen zur Förderung der Kommunikationsfähigkeit und des Mitgefühls

Im Laufe eines Schultages erleben Kinder ganz unterschiedliche Situationen, die Gefühle wie Freude, aber auch Frust, Wut oder gar Verzweiflung auslösen können. Die folgenden Mitmachideen helfen Kindern, sich bewusst mit ihren alltäglichen Erlebnissen und den damit verbundenen Emotionen auseinander zu setzen. Kinder brauchen vielfältige Anlässe, die ihnen helfen, ihre Gefühle bewusst wahrzunehmen. Die richtigen Worte für diese Gefühle zu finden, das ist für so manches Kind mit erheblichen Schwierigkeiten verbunden. Aber wer gelernt hat, Gefühlszustände mitzuteilen, kann wesentlich besser mit Rückschlägen und Enttäuschungen umgehen, die zum Leben dazugehören. Eine vertrauensvolle Atmosphäre, in der die Kinder spüren, dass sie mit ihren Sorgen und Nöten nicht allein gelassen werden, bildet die Grundlage für die folgenden Mitmachspiele.

Schau mal, wie es mir geht!

Spieler/innen: ab 1 Kind
Material: für jedes Kind ein Blatt Malpapier und Buntstifte

Alle Kinder setzen sich um den Maltisch herum. Sie erhalten die Aufgabe, ihren momentanen Gefühlszustand in Form eines Naturereignisses wie z. B. ein Regenbogen, eine Sternschnuppe, ein Vulkanausbruch, eine Lawine oder ein Erdbeben zu malen. Sind alle Kunstwerke fertig gestellt, dann bilden die Kinder einen Stuhlkreis. Eines der Kinder hält sein Bild gut sichtbar in die Luft. Wer das Bildmotiv richtig erkennt und herausfindet, wie es dem betreffenden Kind gerade geht, darf das Spiel fortsetzen.

Spielvariante: Die Kinder überlegen sich ein gutes oder schlechtes Erlebnis, das sie in Form einer Bildergeschichte aufmalen. Im Stuhlkreis erzählt ein Kind von seinem Erlebnis und deutet dabei auf die einzelnen Bilder. Dabei berichtet das Kind auch von seinen Gefühlen.

Stimmungs-Gruppenbild

Spieler/innen: ab 3 Kinder
Material: eine Triangel, eine große Papierrolle, für jedes Kind ein Wachsmalstift

Auf ein großes Stück Papier schreibt die Spielleitung Worte für unterschiedliche Stimmungen: z. B. glücklich, fröhlich, ärgerlich, gereizt, zornig, wütend, enttäuscht, traurig etc. Jedes Kind nimmt sich einen Wachsmalstift in der Farbe seiner Wahl und die Kinder erhalten nun die Aufgabe, um das auf dem Boden liegende Blatt herumzugehen und dabei die einzelnen Wörter zu lesen. Das Wort, das ihre augenblickliche Stimmung am besten trifft, sollten sie sich merken. Denn sobald die Spielleitung die Triangel anschlägt, läuft jedes Kind blitzschnell zu „seinem" Wort und kreist es mit dem Stift ein. Wenn sich mehrere Kinder für das gleiche Wort entschieden haben, wird es einfach mehrmals eingekreist. So entsteht ein beindruckendes Stimmungs-Gruppenbild. Zum Abschluss der Aktion dürfen die Kinder, wenn sie dazu Lust haben, im Gruppengespräch Gründe für ihre gute oder schlechte Laune nennen.

Wie spreche ich über mich?

Es fällt den Kindern anfänglich erfahrungsgemäß nicht leicht, im Stuhlkreis darüber zu sprechen, was sie innerlich bewegt. Hilfreich sind Satzanfänge mit Ich-Botschaften, die den Einstieg ins Gespräch erleichtern. Gemeinsam mit den Kindern entwickelt, können sie auf einem großen Plakat notiert und gut sichtbar im Gruppenraum aufgehängt werden. Beispiele für Satzanfänge:

- *Ich möchte gerne ...*
- *Ich finde gut, dass ...*
- *Ich habe mich sehr darüber gefreut, dass ...*
- *Ich bin glücklich, weil ...*
- *Mir fällt es schwer, ...*
- *Für mich ist es schlimm, dass ...*
- *Ich wünsche mir, dass ...*

Heut' bin ich fröhlich wie der Wind

Spieler/innen: ab 1 Kind
Material: Stempel ABC, Stempelkissen, Malstifte oder Wasserfarben, für jedes Kind ein großes Blatt Malpapier

Die Kinder holen sich die Materialien zum Stempeln und setzen sich um einen Tisch herum. Bevor der Stempelspaß beginnt, schließen sie kurz die Augen, um ihren Vormittag Revue passieren zu lassen: Wie ist es mir ergangen? In welcher Stimmung habe ich den Vormittag erlebt? Ein Wort, das ihre Empfindungen am besten verdeutlicht, stempeln die Kinder gut leserlich auf ihr Malpapier. Anschließend überlegen sie sich, welches Wetter – Sonne, Regen, Wind oder Sturm etc. – am besten zu ihrem Gefühlszustand passen könnte und malen es neben oder um das gestempelte Wort herum. Sind alle Bilder fertig gestellt, versammeln sich die Kinder im Stuhlkreis. Die Spielleitung sammelt alle Werke ein und hält sie nacheinander gut sichtbar in die Höhe. Auf diese Weise können alle Kinder das gestempelte Wort lesen und das Stimmungs-Wetterbild betrachten. Im Gespräch stellen die Kinder fest, ob es sich um ein gutes oder ein schlechtes Gefühl handelt, das jeweils zum Ausdruck kommt. Handelt es sich um ein negatives Gefühl, können die Kinder gemeinsam überlegen, was man dagegen tun kann.

Glückskinder gesucht!

Spieler/innen: ab 8 Kinder

Wie guckt jemand, der fröhlich ist? Wie geht jemand, der traurig ist? Nachdem die Kinder in der Gruppe ausprobiert haben, wie unterschiedliche Gefühle zum Ausdruck kommen, fragt die Spielleitung, wer Lust hat, sich auf die Suche nach „Glückskindern" zu machen. Zwei Kinder werden als „Glückskinder-Jäger" ausgewählt, sie verlassen den Gruppenraum. Die Spielleitung fordert nun die Kinder auf, sich zu melden, wenn es ihnen an diesem Tag so richtig gut geht. Sind das mehrere Kinder, werden zwei von ihnen ausgewählt. Sie gehen fröhlich im Raum umher. Die übrigen Kinder haben die Aufgabe, so zu tun, als ob sie wütend, traurig, genervt oder enttäuscht wären. Auch sie gehen im Raum umher. Nun bittet die Spielleitung die „Jäger" hinein. Ihre Aufgabe ist es, so schnell wie möglich die beiden Glückskinder herauszufinden. Das Kind, das als Erster die beiden gesuchten Kinder zusammenführen kann, ist Sieger und darf die Glückskinder für die nächste Spielrunde bestimmen. Die Glückskinder der ersten Spielrunde verlassen den Raum, denn sie sind nun die „Glückskinder-Jäger".

Total vernetzt!

Spieler/innen: ab 5 Kinder
Material: bis zu sechs unterschiedlich farbige Wollknäuel

Damit Kinder erkennen, dass andere Kinder ähnlich wie sie selbst fühlen können, eignet sich das folgende Spiel:
Alle Kinder sitzen im Stuhlkreis. Die Spielleitung benennt einen Gefühlszustand wie z. B. „Ärger". All die Kinder, die sich an diesem Tag über irgendetwas geärgert haben, melden sich. Eines der Kinder erhält ein Wollknäuel, hält das Fadenende mit einer Hand fest und wirft das Knäuel einem anderen Kind zu, das sich ebenfalls geärgert hat. Das wird solange fortgeführt, bis die betreffenden („Ärger"-) Kinder ein Stück Faden in den Händen halten. Das Spiel wird mit einem anderen Gefühl fortgesetzt, z. B. fragt die Spielleitung, wer sich an diesem Tag gefreut hat. Es melden sich die Kinder, die sich gefreut

haben, die Spielleitung übergibt einem der betreffenden Kinder ein Wollknäuel in einer anderen Farbe und das Wurfspiel beginnt erneut. Erst wenn alle Kinder miteinander vernetzt sind, also jeder ein Stück Faden in den Händen hält, ist das Spiel beendet. Ein tolles, buntes Spinnenetz ist entstanden!

Gefühle angeln

Spieler/innen: ab 3 Kinder
Material: ein Angelspiel mit Magnetangeln, kleine Blättchen, Stifte und Büroklammern

Bei dem folgenden Spiel können die Kinder ganz anonym ihren augenblicklichen Gefühlszustand äußern.

Die Kinder bauen den „Teich" für das Angelspiel auf (eine große Schüssel oder eine blau bemalte Schuhschachtel ohne Deckel). Bevor das Spiel beginnt, überlegt jedes Kind, wie es ihm im Augenblick geht und schreibt diesen momentanen Gefühlszustand auf ein kleines Stück Papier. Mit einer Büroklammer werden die Zettel zusammengefaltet an den Fischen befestigt und in den Teich gelegt. Gut mischen – dann kann das Spiel beginnen!
Das erste Kind versucht, mit einer Magnetangel ein Fischchen aus dem Teich zu holen. Ist das Fischchen „an Land", wird das Zettelchen abgenommen und das Kind liest das notierte Wort laut vor. Gemeinsam überlegen sich alle Kinder, ob es ein angenehmes oder ein unangenehmes Gefühl ist, wie es zu diesem Gefühl kommen kann und – bei negativen Gefühlen – was man dagegen tun kann. Danach ist das nächste Kind an der Reihe. Beendet ist das Spiel, wenn jedes Kind einen Fisch geangelt hat.

Stimmungsampel

Spieler/innen: ab 1 Kind
Material: eine Taschenlampe, jeweils ein Kreis aus rotem, gelbem und grünem Transparentpapier

Die Kinder bilden einen Stuhlkreis. In der Mitte liegen die drei Farbkreise wie eine Ampel auf dem Boden. Die Spielleitung erklärt, dass der rote Kreis ein schlechtes Gefühl darstellt, der gelbe Kreis weder eine besonders gute noch schlechte Stimmung symbolisiert und der grüne Kreis für viel Freude steht. Können die Kinder die einzelnen Stimmungen den Kreisen zuordnen, wird ein Kind ausgezählt, das mit einer Taschenlampe in die Kreismitte treten darf. Während das Kind überlegt, wie es ihm gerade geht, dunkelt die Spielleitung den Raum etwas ab. Denn jetzt darf das Kind die Taschenlampe einschalten und den Farbkreis vor die Taschenlampe halten, der am besten zu seiner Stimmung passt. Die Gruppe benennt die Tendenz des Gefühls und das Kind kann der Gruppe kurz mitteilen, warum es sich zum Beispiel heute so „rot" fühlt, vielleicht enttäuscht, genervt oder zornig ist.

Bist du wütend?

Spieler/innen: 5 Kinder
Material: ein Stift und ein Zettel für jedes Kind, ein Softball, eine Schüssel

Die Kinder notieren ihren augenblicklichen Gefühlszustand jeweils auf einen Zettel (nur ein Wort: Trauer, Freude, Wut etc.). Den Zettel zusammenrollen und in eine Schüssel legen. Danach bilden alle Kinder einen großen Kreis, ein Kind stellt sich in die Kreismitte. Es hält einen Ball in den Händen. Ein beliebiges Kind aus dem Kreis holt einen Zettel aus der Schüssel und liest das dort notierte Wort, wie zum Beispiel „Wut", laut vor. Das Kind in der Kreismitte muss sich nun in der Runde umschauen und herausfinden, wer diesen Zettel geschrieben haben könnte. Damit das gut gelingt, stellen alle Kinder, die im Kreis stehen, pantomimisch dar, wie sie sich gerade fühlen. Glaubt das Kind in der Kreismitte, das gesuchte Kind gefunden zu haben, hebt es die Hand. Das ist das Zeichen für die übrigen Kinder, regungslos stehen zu bleiben. Nun deutet das Kind in der Kreismitte auf den vermutlichen Autor des Zettels und fragt z. B.: „Metin, bist du wütend?" Lautet die Antwort: „Nein" –, dann muss weitergefragt werden, bis das „richtige" Kind herausgefunden ist. Diesem Kind wird der Ball zugeworfen und das Spiel geht weiter, natürlich mit einem neuen Zettel.

Heut hab ich was erlebt, und das war ...

Spieler/innen: ab 2 Kinder

Die Kinder sitzen im Kreis und bestimmen ein Kind, das die Aufgabe bekommt, ein Erlebnis vom Vormittag kurz zu erzählen . Die übrigen Kinder müssen aufmerksam zuhören und entscheiden, ob es sich hierbei um ein erfreuliches Erlebnis handelt oder nicht. Wenn die Erlebnisgeschichte beendet ist, tun sie ihre Meinung nicht mit Worten kund, sondern mimisch: sie können entweder lächeln oder so tun, als ob sie weinen würden. Stimmt die Einschätzung in jedem Fall? Zur Kontrolle teilt das Kind, das erzählt hat, der Gruppe seine eigene Meinung ebenfalls mimisch mit.

Wo ich jetzt gerne sein würde

Spieler/innen: ab 1 Kind
Material: ein Blatt Malpapier und Wachsmalstifte für jedes Kind

Die Kinder schließen die Augen und denken darüber nach, wie es ihnen gerade geht. Dabei überlegen sie sich auch, an welchem Ort sie jetzt am liebsten sein würden. Anschließend öffnen die Kinder die Augen. Nun holt sich jedes Kind Malpapier und Wachsmalstifte und sucht sich einen Platz am Tisch, um seinen „Wunschort", das kann auch ein Traumort sein, zu malen! Sind alle Bilder fertig gestellt, bilden die Kinder einen Stuhlkreis und zeigen sich nacheinander ihre Bilder. Jeder „Künstler" kann, wenn er mag, seinen momentanen Gefühlszustand preisgeben und die Auswahl des Ortes begründen.

Spielvariante: Auf einem großen Tisch sind ganz unterschiedliche Bilder ausgelegt, die zum Beispiel einen Wald, einen See, viele Berge oder einen Strand mit Palmen zeigen. Zudem gibt es auch Bilder, auf denen zum Beispiel ein Bett, eine Höhle oder ein Restaurant zu sehen ist. Auch in dieser Spielvariante sollten die Kinder vorher die Gelegenheit – und das heißt Ruhe – bekommen, um sich zu überlegen, wie sie sich gerade fühlen und dann erst über ihren „Wunschort" nachdenken. Bei ruhiger Instrumentalmusik gehen die Kinder langsam um den Tisch herum, um die einzelnen Motive ausgiebig zu betrachten. Das Bild , das ihrem gewünschten Ort am ehesten entspricht, dürfen sie an sich nehmen. Kinder, die sich für das gleiche Motiv entscheiden, bilden eine Gruppe. Wenn jedes Kind ein Bild in den Händen hält, setzten sie sich im Stuhlkreis zusammen. Nun kann jeder sein Bild zeigen und die Auswahl begründen.

Ballast wegpusten

Spieler/innen: ab 1 Kind
Material: ein Zettel und ein Bleistift für jedes Kind

Im Alltag gibt es immer wieder Dinge über die man sich aufregt oder ärgert. Um die negativen Gefühle loszuwerden, können die Kinder Folgendes ausprobieren:

Die Kinder überlegen sich, wie es ihnen am heutigen Tag ergangen ist. Was bringen sie mit? Was war? War da was, was mich geärgert hat? Gab's da was, was mich traurig, wütend, mutlos gemacht hat? Habe ich Mist gebaut? Mich blöd verhalten? Fühle ich mich ungerecht behandelt? Gibt's da Ballast, den ich loswerden möchte? In dieser Aktion geht es in erster Linie um unangenehme Erfahrungen, um Erlebnisse, die mit negativen Gefühlen wie Wut, Ärger oder Traurigkeit verbunden sind. Wer hatte ein solches Erlebnis? Zunächst ohne darüber zu reden, darf jedes Kind die mit diesem Erlebnis verbundenen Gefühle auf einem Zettel aufschreiben. Jedes Kind sucht sich einen Tisch, stellt sich direkt vor die Tischkante und legt den Zettel auf die Tischmitte. Nun heißt es, einen „festen" Stand einnehmen: die Beine hüftbreit nebeneinander stellen, die Knie leicht knicken und den Oberkörper gerade halten. In dieser Position atmet jedes Kind tief ein, um dann mit der Atemluft seinen Zettel vom Tisch auf den Boden zu pusten. Wurde der Ballast weggepustet, können die Kinder, wenn sie das Bedürfnis haben, im Stuhlkreis darüber sprechen, weshalb sie gerade diese Gefühle loshaben wollten.

Rate mal, was ich erlebt habe!

Spieler/innen: ab 5 Kinder

Die Kinder sitzen im Stuhlkreis. Aufgabe ist es, dass jeweils ein Kind pantomimisch darstellt, was für ein besonderes Erlebnis es am heutigen Schultag hatte. Um die Geschichte für die Mitspieler/innen etwas zu erleichtern, nennt das Kind vor Spielbeginn ein Stichwort, zum Beispiel „Wahl!", das einen Hinweis gibt auf das Erlebnis, das es im Folgenden pantomimisch darstellt. In unserem Beispiel beginnt das Kind zu spielen, wie es von fast allen Kindern in der Klasse zum Klassensprecher gewählt wurde. Wer findet raus, was da los war? Was das für ein besonderes Ereignis war? Das Kind, das als erstes Bewegungsabläufe, Mimik und Gestik des Pantomimenspiels richtig einschätzt bzw. das gesuchte Ereignis genauer benennen kann, darf das Spiel fortsetzen.

Heut lief alles mies!

Sie merken sicherlich schnell, wenn ein Kind ganz schlecht gelaunt in den Nachmittag startet. Über unerfreuliche Erlebnisse oder Enttäuschungen zu reden, ist für einige Kinder nicht ganz leicht. Wer erzählt schon gern von einer verpatzten Klassenarbeit! Im Umgang mit Frust und negativen Erfahrungen können sich die Kinder untereinander unterstützen. Als Einstieg dient ein pantomimisches Spiel – wie oben. Ist das „Frusterlebnis" im Spiel wiederholt und von den anderen erkannt, suchen die Kinder gemeinsam nach Lösungswegen, zum Beispiel, was im Hinblick auf weitere Klassenarbeiten für das betroffene Kind hilfreich sein könnte.

Meine Geschichte als Film

Spieler/innen: ab 5 Kinder
Material: unterschiedliche Requisiten wie eine Decke, ein Tuch, ein Stock etc.

Rollenspiele eignen sich sehr gut, um Erlebnisse ins Gedächtnis zu rufen und zu verarbeiten. Damit jedoch die Kinder ganz bewusst auf das Erlebnis eines Kindes eingehen können, hat sich Folgendes bewährt:

Die Kinder sitzen im Stuhlkreis, an ein Gespräch über (einen) Film(e) kann sich die Frage anschließen: wie werden Filme gemacht? Wer kennt das Wort: Regisseur? Wer weiß, was ein Regisseur ist? Welche Aufgaben hat er? Was hat der Regisseur mit den Schauspielern zu tun? Spielen die Schauspieler eine Geschichte, die sie selbst erlebt haben? Wie nennt man denjenigen, der die Geschichten erfindet, die die Schauspieler unter Anleitung des Regisseurs spielen? Wo ist die Geschichte aufgeschrieben? Hat der Autor die Geschichte, die er für den Regisseur aufgeschrieben hat, selbst erlebt? Wenn die Begriffe Regisseur, Schauspieler, Drehbuch und Autor bekannt sind, kann die Idee geweckt werden, selbst einen „Film" zu drehen. Das macht den Kindern sehr viel Spaß!
Mit Abzählreimen wird im Stuhlkreis ausgewählt, welches Kind welche Rolle übernimmt. Zuerst wird der Regisseur bestimmt, der für die richtige Umsetzung des Drehbuches verantwortlich ist. Sind alle Kinder ganz leise, wird ein „Autor" ausgewählt (bzw. es meldet sich ein Kind), der seine Geschichte bzw. ein aktuelles Ereignis erzählt und es werden Schauspieler gewählt – möglichst alle Kinder sollten beteiligt werden. Da wir hier auf ein Drehbuch verzichten, ist die Aufgabe für den Regisseur und alle Schauspieler besonders spannend, denn die erzählte Geschichte wird sofort in Handlung umgesetzt. Diese besondere Situation muss die Spielleitung deutlich machen. Wenn der „Autor"

zum Beispiel von einem Schulausflug zum Bauernhof berichtet, muss der Regisseur auf zwei „Schauspieler" deuten, die alles, was der „Autor" erzählt, sofort umsetzen, indem sie zum Beispiel so tun, als ob sie Kühe melken, Hühner füttern oder auf einem Pferd reiten. Zeigt der „Regisseur" im Verlauf der Geschichte auf zwei andere Kinder, werden die Rollen gewechselt ... ganz schön schwierig, aber sehr lustig.

Fingerspitzengefühle

Spieler/innen: ab 1 Kind
Material: für jedes Kind ein Blatt Malpapier, Wasserfarben, ein Pinsel, ein Becher und ein Stift

Indem die Kinder das folgende Spiel durchführen, nehmen sie bewusst die schönen und tollen Dinge, die innerhalb einer Woche passiert sind, wahr.

Alle Kinder holen sich jeweils ein Malpapier, einen Pinsel, Wasserfarben und einen Becher mit etwas Wasser. Danach setzen die Kinder sich um einen Tisch herum und malen eine Handfläche mit den Wasserfarben an. Haftet genügend Farbe auf der Hand, dann machen sie einen Handabdruck auf das Malpapier, indem sie ihre Finger spreizen. Anschließend waschen die Kinder die Hände und setzen sich wieder um den Tisch herum. Während nun der Handabdruck auf dem Malpapier trocknet, überlegen die Kinder sich fünf Dinge, die ihnen in dieser Woche besonders gut gefallen haben. Für jede Situation malen sie ein Symbol am Ende der einzelnen Fingerspitzen auf, die sie dann im Stuhlkreis erläutern.

Spielvariante: Anstelle des Händeabdrucks können die Kinder auch einen Fußabdruck machen.

2.
Ich und du –
Wir alle zusammen!

Spiele und Aktionen zur Förderung des Zugehörigkeitsgefühls

Kinder, die sich in der Gruppe akzeptiert und angenommen fühlen, kommen mit großer Freude in die Einrichtung. Zudem sind Kinder, die sich als ein „vollwertiges" Mitglied der Gruppe erleben, ausgeglichener, fröhlicher und leistungsfähiger.

Um eine spürbar gute Atmosphäre in der Gruppe zu schaffen und aufrecht zu erhalten, gibt es vielfältige Möglichkeiten. So werden im Folgenden Spiele und Aktionen vorgestellt, bei denen alle Kinder leicht mitspielen können. Die Kinder gehen aufeinander zu, sie reden, rennen und lachen miteinander und machen gemeinsam elementare Erfahrungen. Vor allem schüchterne, aggressive oder neu hinzugekommene Kinder haben es häufig nicht leicht, „ihren" Platz in der Gruppe zu finden. Spiele, die den Spaß nicht aus einer Konkurrenzsituation beziehen, helfen ihnen, sich in die Gruppe zu integrieren und fördern das Wir-Gefühl.

Bewegte Kreiskontakte

Spieler/innen: ab 6 Kinder

Die Kinder stehen im Kreis, ein Kind in der Kreismitte. Seine Aufgabe ist es, auf irgendein Kind zuzugehen und diesem die Hand zu schütteln. Anschließend tauschen die beiden Kinder ihre Plätze. Das Kind in der Kreismitte geht nun ebenfalls auf ein Kind seiner Wahl zu, schüttelt diesem die Hand und denkt sich eine weitere Berührungsart aus, z. B. auf die Schulter klopfen, und führt sie aus. Nun wechseln die beiden Kinder ihre Plätze und das Spiel wird fortgesetzt. In jeder Spielrunde kommt eine weitere Berührung hinzu, daher müssen die Kinder besonders aufmerksam sein. Wird eine Berührung vergessen oder verwechselt, darf die Gruppe natürlich weiterhelfen.

Beispiele für die einzelnen Spielrunden:
- über den Kopf streicheln,
- am Ohrläppchen zupfen,
- sich gegenseitig umarmen,
- mit dem Zeigefinger auf die Nasenspitze tippen,
- behutsam ins Gesicht pusten etc.

Luftballon-Umarmungsspiel

Spieler/innen: ab 4 Kinder
Material: ein Luftballon für jedes Kind, ein schwarzer dicker Stift, Tanzmusik,

Jedes Kinder erhält einen Luftballon, bläst ihn auf, verknotet ihn und schreibt seinen Vornamen auf den Ballon.
Die Kinder versammeln sich auf einem überschaubaren Spielfeld. Wenn

die Tanzmusik erklingt, bewegen alle Kinder die Ballons in der Luft. Kein Luftballon sollte den Boden berühren! Damit das gelingt, helfen sich die Kinder. Stoppt die Musik, schnappt sich jedes Kind irgendeinen Luftballon und liest den Namen darauf. Nun muss der „Besitzer" ausfindig gemacht werden, der „seinen" Ballon mit einer Umarmung zurückerhält. Anschließend schaltet die Spielleitung die Musik wieder ein, sodass das Spiel erneut beginnen kann.

Kreisgeschichte

Zugehörigkeit fühlen und spüren, so ganz einfach ist das für einzelne Kinder nicht. Allein ein anderes Kind an der Hand zu berühren, kann schwierig sein. Zur Integration berührungsängstlicher Kinder hat sich folgendes Spiel bewährt: Während die Kinder im Kreis stehen, liest die Spielleitung eine Geschichte vor, in der die Kinder immer wenn sie das Wort „Kreis" hören, sich an den Händen fassen (und wieder loslassen). Die Geschichte können Sie selbst erfinden oder finden, ein Beispiel im Folgenden:

Das ist die Geschichte vom Kreis,
welcher rund ist wie jeder weiß.
Im Kreis können wir uns gut sehen,
und rundherum gemeinsam gehen.
Im Kreis können wir viele Dinge machen
wie miteinander reden, spielen und lachen.
Was auch geschieht, wir stehen zusammen im Kreis,
denn dieser ist schließlich rund wie jeder weiß!

Fußspuren-Bild

Spieler/innen: ab 2 Kinder
Material: alte Zeitungen, ein großer Bogen Papier oder ein Tapeten-
rest von der Rolle, Fingerfarben

Vor Beginn der Aktion den Fußboden mit Zeitungspapier abdecken
und darauf eine großen Bogen Papier ausbreiten.
Alle Kinder ziehen sich ihre Schuhe aus und gehen paarweise zusammen. Jetzt dürfen die Kinder sich gegenseitig die Fußsohlen mit
etwas Fingerfarbe beschmieren. Haftet genügend Farbe an den
Füßen, stellen sich alle Kinder in einer Reihe am Rand des großen
weißen Papierbogens auf und halten sich an den Händen. Auf ein Zeichen der Spielleitung treten die Kinder zuerst mit dem rechten und
dann mit dem linken Fuß einen Schritt vor, sodass sie nebeneinander auf dem Papier stehen. Danach gehen die Kinder zuerst mit dem
rechten und dann mit dem linken Fuß einen Schritt zurück und können nun ihre Fußabdrücke begutachten.
Das Bild wird im Gruppenraum aufgehängt. Wer kann nach ein paar
Tagen die Fußabdrücke noch richtig zuordnen?

Leporello

Spieler/innen: ab 3 Kinder
Material: eine Triangel, für jedes Kind ein Blatt Papier und Buntstifte

Alle Kinder sitzen um einen Tisch herum, jeder bekommt ein Blatt
Papier und Buntstifte.
Sobald die Spielleitung die Triangel anschlägt, beginnt jedes Kind,
am linken Rand des Blattes ein Bild von sich zu malen. Ertönt die
Triangel erneut, wird das Blatt so gefaltet, dass das Selbstbildnis nicht

mehr zu sehen ist. Dann rutschen alle Kinder einen Platz nach rechts und wiederholen den Vorgang auf dem vor ihnen liegenden Blatt. Auf diese Weise wird die Falt- und Malaktion solange weitergeführt, bis jedes Kind wieder auf seinem ursprünglichen Platz sitzt. Jetzt kann die Ziehharmonika entfaltet werden – und jeder hat ein witziges Bild der ganzen Gruppe vor sich.

Steckbrief

Spieler/innen: ab 5 Kinder
Material: eine Tafel, für jedes Kind ein Blatt Papier und ein Stift

Damit die Kinder sich intensiver und bewusster kennen lernen, eignet sich dieses Spiel besonders gut:
Bevor das Spiel beginnt, beantwortet jedes Kind die folgenden Fragen, die vorab von der Spielleitung auf der Tafel notiert wurden, im Stillen auf einem Zettel:

1. Alter
2. Größe
3. Anzahl der Geschwister
4. Bevorzugtes Schulfach
5. Lieblingsessen
6. Nach der Schule mache ich am liebsten ...

Wenn jedes Kind die Fragen beantwortet hat, sammelt die Spielleitung sämtliche Zettel ein. Danach darf ein Kind einen Zettel ziehen und die erste Frage und die dazugehörige Antwort laut vorlesen. Die anderen Kinder hören aufmerksam zu. Glaubt ein Kind, das gesuchte Kind zu erkennen, dann nennt es laut den Namen des betreffenden Kindes. Meldet sich kein Kind, das weiß, wer gemeint ist, geht der

Zettel nach rechts in der Runde weiter. Liegt das Kind, das einen Namen genannt hat, falsch mit seiner Vermutung, muss es ein Pfand abgeben. Wer richtig geraten hat, darf das Spiel mit einem neuen Steckbrief fortsetzten.

Puste-Begegnungsbild

Spieler/innen: Kleingruppe(n) mit maximal 8 Kindern
Material: eine Triangel, für jede Tischgruppe eine Plastikdecke oder alte Zeitungen, großes Malpapier, Scheren, für jedes Kind ein Malkittel, Wasserfarben, Pinsel, ein Strohhalm, ein Becher mit etwas Wasser

Für jede Kleingruppe einen Tisch vorbereiten, mit einer Plastikdecke abdecken oder Zeitungspapier unterlegen und ein großes Blatt Papier auflegen. Die Kinder ziehen ihre Malkittel an, jeder holt sich einen Strohhalm, der mit der Schere etwas gekürzt werden muss. Danach entscheidet sich jedes Kind für eine Wasserfarbe, gibt viel Wasser auf die gewählte Farbe und rührt sie mit einem Pinsel an (bis sich Bläschen bilden). Nun kann das Spiel beginnen.
Wenn die Kinder ruhig um den Tisch herum sitzen, schlägt die Spielleitung die Triangel an. Daraufhin trägt jedes Kind auf das Papier einen dicken, sehr flüssigen Tropfen seiner Wasserfarbe auf. Und dann heißt es: pusten! Mit dem Strohhalm und viel Puste lässt sich die Farbe prima über das Blatt in Richtung Papiermitte verteilen. Wenn jeder darauf achtet, dass die eigenen Farbspuren denen der anderen begegnen, dann entstehen interessante Farbeffekte, da sich die Farben mischen. Das fertige Bild wird im Gruppenraum aufgehängt. Bestimmt ist aus der gemeinsamen Puste-Aktion ein interessantes Farbenspiel entstanden, und vielleicht kann man sogar eine Riesenspinne erkennen oder einen windzerzausten Baum entdecken ...

Unser kunterbunter Zoo

Spieler/innen: ab 4 Kinder
Material: alte Zeitungen, ein großer Bogen Papier, Fingerfarben und Wachsmalstifte

Vor Beginn der Aktion den Fußboden mit alten Zeitungen abdecken. Die Kinder bereiten das Papier für die Malaktion vor, indem sie zum Beispiel Hände, Füße, einzelne Finger, den Unterarm, den Ellenbogen etc. mit Fingerfarbe beschmieren und auf das Papier drücken. Danach waschen sich die Kinder die Farbe ab und holen sich Wachsmalstifte. Wenn sich alle um das bedruckte Papier herum versammelt haben, versuchen die Kinder gemeinsam die Abdrücke zum Gestalten von Tieren zu benutzen. So kann zum Beispiel aus einem Fingerabdruck ein Marienkäfer oder aus einem Handabdruck ein Schmetterling entstehen. Wenn jeder seiner Fantasie freien Lauf lässt, dann entsteht ein kunterbunter Zoo!

Wir – aus Papier!

Spieler/innen: ab 3 Kinder
Material: für jedes Kind ein großer Bogen Papier, ein Bleistift, eine Schere, Klebstoff, Wolle, Stoffreste, evtl. Tesafilm oder Reißzwecken

Die Kinder tun sich zu zweit zusammen und holen sich die Materialien. Zunächst legt sich ein Kind mit dem Rücken auf den Papierbogen, winkelt die Arme leicht an und spreizt die Beine etwas. Das andere Kind zeichnet den Körperumriss mit dem Bleistift nach. Anschließend werden die Rollen gewechselt und der Vorgang wiederholt. Jedes Kind schneidet sein „Körperbild" aus und verschönert den Umriss, indem zum Beispiel Wollreste als Haare und Stoffreste als Pullover zugeschnitten und aufgeklebt werden. Gemalt wird lediglich das Gesicht. Sind alle Bilder fertig gestellt, dann befestigen die Kinder sie nebeneinander an einer freien Wandfläche, sodass alle „Papierkinder" sich gegenseitig die Hände geben.

Der Apfelbaum

Spieler/innen: ab 8 Kinder
Material: ein großes Blatt Papier, Fotos der einzelnen Kinder, rotes und grünes Tonpapier, Scheren, Klebstoff

Auf ein großes Blatt Papier malen die Kinder gemeinsam einen großen Baum, jedoch ohne Blätter. Anschließend zeichnet jedes Kind einen großen Apfel auf rotes Tonpapier, schneidet den Apfel aus und klebt sein Foto auf. Auf grünem Tonpapier zeichnen die Kinder Blätter auf, die sie ebenfalls ausschneiden.
Der selbst gemalte Baum wird aufgehängt und geschmückt: jedes Kind sucht sich einen freien Platz für seinen Apfel am Baum aus, der ebenso wie die Blätter am Baum befestigt wird.

Gemeinsamkeiten-Memory

Spieler/innen: ab 6 Kinder
Material: ein Foto von jedem Kind

Die Fotos werden verdeckt auf den Tisch gelegt. Das Kind, das mit dem Spiel beginnt, dreht zwei Fotos seiner Wahl um und muss nun versuchen, etwas herauszufinden, was die beiden Kinder auf den Fotos gemeinsam haben. Das kann ein äußeres Merkmal sein, wie die Haarfarbe oder aber ein gemeinsamer Freund, eine Speise, die beiden Kindern schmeckt oder nicht, ein Song, den beide Kinder mögen etc. Stimmt die Vermutung (das beurteilen natürlich die betroffenen Kinder selbst), dann darf es den beiden Kindern ihre Fotos übergeben und zwei weitere Fotos umdrehen. Ist die Vermutung falsch, werden die Fotos wieder verdeckt zurückgelegt und ein anderes Kind setzt das Spiel fort. Erst wenn alle Kinder ihr Foto vor sich liegen haben, ist das Spiel beendet.

Diashow

Gemeinsame Erlebnisse, wie zum Beispiel ein Ausflug, ein Fest, ein besonders gelungenes Rollenspiel oder eine spannende Nachtwanderung, bereiten den Kindern viel Freude und stärken das Wir-Gefühl. Fotos helfen, die schönen Augenblicke lebendig zu halten. Besonders wirkungsvoll ist eine feierliche Einladung zu einer kleinen Diashow!
Wenn die Kinder vor der Leinwand in einem leicht abgedunkelten Raum versammelt sind, kann die Show beginnen – an der die Kinder sich aktiv beteiligen. Zeigt ein Dia zum Beispiel drei kostümierte Kinder während eines lustigen Rollenspiels, können die Kinder, die auf dem Bild zu sehen sind, die Situation schildern. Was war denn da so furchtbar lustig? Natürlich können auch Fragen gestellt werden ...

Wer darf dich auf Händen tragen?

Spieler/innen: ab 6 Kinder

Alle Kinder stehen im Kreis und die Spielleitung platziert zwischen zwei Kindern einen Stuhl. Wie bei dem altbekannten Spiel „Mein rechter Platz ist leer", beginnt das Kind das Spiel, auf dessen rechter Seite der freie Stuhl steht. Es tippt mit den Fingerspitzen auf die Stuhllehne und sagt ganz laut: „Mein rechter, rechter Platz ist leer, da wünsche ich mir die Stefanie her." Das ausgewählte Kind fragt: „Wer darf mich zum Stuhl tragen?" Daraufhin muss das erste Kind zwei Kinder aus der Gruppe nennen, die sich für den Transport überkreuz die Hände reichen und in dieser „Schaukel" das Kind zum Stuhl tragen. Das Kind stellt sich anschließend rechts neben den Stuhl und das Spiel beginnt von vorn.

Flottes Tauschspiel

Spieler/innen: ab 12 Kinder
Material: eine flotte Tanzmusik, persönliche Gegenstände der Kinder

Alle Kinder stehen im Kreis und halten einen persönlichen Gegenstand in den Händen, zum Beispiel eine Haarspange, eine Uhr, einen Schal oder eine Mütze. Ein Kind wird bestimmt, das die Spielrunde eröffnet. Sobald die Spielleitung die Musik einschaltet, muss dieses Kind möglichst schnell seinen Gegenstand einem anderen Kind überreichen. Anschließend wechseln die beiden Kinder ihre Plätze, sodass jetzt das Kind seinen Gegenstand auf die gleiche Art einem weiterem Kind übergeben kann. Gelingt es den Kindern gemeinsam noch bevor die Musik aufhört jeweils einen anderen Gegenstand in den Händen zu halten? Falls ja, dann wird das Spiel in umgekehrter Reihenfolge wiederholt, sodass am Ende hoffentlich jedes Kind seinen Gegenstand wieder in den Händen hält.

Unsere Story

Spieler/innen: Kleingruppe(n) mit maximal 6 Kindern
Material: pro Kleingruppe ein Bilderbuch, Stifte, Papier

Die Kinder bilden Kleingruppen und erhalten pro Gruppe ein Bilderbuch, dessen Textteile jeweils mit einem weißen Blatt abgeklebt sind. Aufgabe ist es, gemeinsam zu den Bildern eine Geschichte zu erfinden und sie im Buch auf den weißen Seiten aufzuschreiben.
Hat jede Gruppe ihre Story gefunden und aufgeschrieben, versammeln sich alle Kinder im Stuhlkreis, und der Reihe nach stellt jede Gruppe ihr Bilderbuch mit dem selbst erfundenen Text vor. Wenn die Kinder Lust dazu haben, können sie die beschriebenen Blätter aus ihrem Buch entfernen und den eigenen Text mit dem gedruckten vergleichen.

Unser Blumenstrauß

Eine schöne Sommeraktion: Jedes Kind erhält die Aufgabe, eine Blume in die Einrichtung mitzubringen. Alle Blumen werden in einer Vase locker gesammelt, die in der Tischmitte platziert wird. Die Kinder sitzen um den Tisch herum, und betrachten den gemeinsam hergestellten Blumenstrauß. Vermutlich ist ein farbenprächtiger Strauß entstanden, mit längeren oder kürzeren Blüten. Jede Blüte, jede Blume, jeder Zweig ist wichtig, damit der Strauß in seiner Fülle wirkt. Im Gespräch können Sie, wenn die Kinder nicht selbst darauf kommen, auf Gemeinsamkeiten mit dem Leben in der Gruppe verweisen. Jeder gilt, jeder ist wichtig, jeder trägt auf seine Weise zum Gesamtbild bei. Damit die Kinder immer wieder auf das Bild mit dem Blumenstrauß zurückgreifen können, dürfen sie, wenn sie Lust dazu haben, den Blumenstrauß zur Erinnerung malen.

Bewegendes Würfelspiel

Spieler/innen: ab 3 Kinder
Material: ein „Mensch ärgere dich nicht"-Spiel, bunte Klebepunkte,
sechs Kärtchen, ein Stift

Die Kinder verteilen auf den weißen Spielfeldern eines „Mensch
ärgere dich nicht" - Spiels bis zu zwölf Klebepunkte. Anschließend
schreiben sie folgende Sätze jeweils auf ein Kärtchen:

1. Sage zu einem Kind, was du an ihm magst.
2. Singe die erste Strophe eines Liedes für die Gruppe.
3. Nenne den Lieblingssong des Kindes, das links neben dir sitzt.
4. Bitte ein Kind, dich zu umarmen.
5. Frage ein Kind, ob es mit dir die Spielfigur tauscht.
6. Schließe deine Augen und beschreibe das Aussehen eines Kindes
   deiner Wahl.

Die beschrifteten Kärtchen werden eingesammelt und in einem Stapel
umgedreht auf den Tisch gelegt.
Anders als beim ursprünglichen „Mensch ärgere dich nicht"-Spiel sucht
nicht jeder für sich den Weg ins Ziel, sondern in diesem Fall legen die
Kinder gemeinsam ein Feld als Start und Ziel fest und markieren es
evtl. mit einer Spielfigur. Auf dieses Feld werden alle Spielfiguren gestellt und das Spiel beginnt: Ein Kind würfelt und rückt entsprechend
der Punktzahl auf den Spielfeldern vor. Kommt die Spielfigur auf ein
Feld mit einem Klebepunkt, dann nimmt das Kind die oberste Karte
vom Stapel und liest den Satz laut vor – und muss die dort formu-
lierte Aufgabe sofort ausführen. Gelingt das, dann dürfen alle Kinder
ihre Spielfiguren neben der des Kindes platzieren. Ansonsten müssen
alle Kinder ihre Spielfiguren wieder auf das Startfeld setzen. Die Auf-
gabenkarte wird unter den Stapel geschoben. Anschließend darf das

nächste Kind würfeln und das Spiel fortsetzen. Wenn alle Kinder im Ziel angekommen sind, ist das Spiel beendet.

Verrätselte Vornamen

Spieler/innen: ab 5 Kinder
Material: für jedes Kind ein Blatt Papier und ein Stift

Die Kinder schreiben ihre Vornamen in Blockbuchstaben untereinander jeweils auf ein Blatt Papier. Wie bei einem Kreuzworträtsel füllt jeder nun die waagerechten Zeilen aus, schreibt also jeweils ein Wort, das mit dem entsprechenden Buchstaben des Vornamens beginnt.
Wenn alle fertig sind, sammelt die Spielleitung die Blätter ein, wählt eins aus und liest die Wörter in der Waagrechten der Reihe nach laut vor. Die Kinder versuchen, den Vornamen des gesuchten Kindes zu entschlüsseln. Das ist keine leichte Aufgabe! Die Kinder müssen sich die Anfangsbuchstaben der einzelnen Wörter gut merken und diese in Gedanken aneinanderreihen.
Wer den Namen herausgefunden und laut genannt hat, darf die Rolle der Spielleitung übernehmen und das Spiel beginnt mit einem neuen verrätselten Vornamen.

Wer reicht Mario die Hand?

Spieler/innen: ab 4 Kinder
Material: flotte Tanzmusik oder eine Handtrommel

Zum Rhythmus der Musik gehen alle kreuz und quer durch den Raum. Stoppt die Musik, dann bleiben alle Kinder stehen und warten ab, bis die Spielleitung den Namen eines beliebigen Kindes laut und deutlich benennt. Jetzt müssen alle Kinder blitzschnell zu dem genannten Kind laufen, das am Platz stehen bleibt und einen Arm weit nach vorne ausstreckt. Das Kind, das als erstes dem betreffenden Kind die Hand geben kann, darf die Rolle der Spielleitung übernehmen und beim nächsten Musikstopp ein weiteres Kind benennen.

Kreisfußball

Spieler/innen: ab 8 Kinder
Material: ein Softball

Spiele, bei denen die Kinder im Kreis stehen, ermöglichen, dass alle Kinder sich gut sehen und mitmachen können. Hört sich ganz simpel an, ist aber sehr wirkungsvoll, denn die Kreisform stellt eine in sich geschlossene Gemeinschaft dar und trägt insofern auch dazu bei, Gemeinschaft herzustellen, eine Gemeinschaft, zu der die einzelnen Kinder dazugehören, zeitweise, aber eben für jedes einzelne Kind spürbar.

Die Kinder holen sich einen Softball und bilden einen geschlossenen Kreis, indem sie sich gegenseitig die Hände geben. Nun beginnt ein Kind und ruft den Namen eines Kindes, dem es den Ball zukickt. Jetzt muss das betreffende Kind auf die gleiche Art das Spiel fortsetzen. Das ist gar nicht so einfach, da die Kinder im Kreis sich stets an den Händen halten müssen. Sobald alle Kinder sich gegenseitig festhalten und einmal den Ball zu einem anderen Kind kicken konnten, ist das Spiel beendet.

Körperbilder

Spieler/innen: ab 5 Kinder
Material: einfache Dinge wie einen Ball, eine Perlenkette, eine Sonnenblume etc.

Jeweils fünf bis sechs Kinder bilden eine Gruppe und erhalten einen Gegenstand oder eine Pflanze, die sie gemeinsam pantomimisch darstellen sollen. Damit das gelingt, müssen die Kinder sich miteinander austauschen, zum Beispiel wie sie sich am besten im Raum positionieren. Dabei können die Kinder sich auf den Boden legen oder sich ganz weit im Raum mit ihren Armen und Beinen ausbreiten. Wichtig ist, dass ein Gruppenbild entsteht, das heißt, eine Vorgabe besteht darin, dass sich alle Kinder auf irgendeine Art gegenseitig berühren müssen. Keine einfache Aufgabe, die natürlich gebührende Probezeit braucht. Sind alle Kinder mit ihrer Darstellung zufrieden, dann dürfen die einzelnen Gruppen ihr „Körperbild" vorstellen, die anderen Kinder raten! Natürlich gibt es eine Auflösung: die Gruppe zeigt abschließend den Gegenstand, den sie dargestellt hat.

3.
Ankommen, Ruhe finden und Kraft tanken

Mitmachideen zur Förderung der inneren Achtsamkeit

So ein Schulvormittag kann ganz schön lang sein, manchmal ist er langweilig, manchmal auch aufregend. Danach beginnt etwas Neues für die Kinder, ein anderer Tagesabschnitt, mit neuen Erlebnissen. Um überhaupt offen zu werden für neue Erlebnisse, müssen die Kinder erst mal „ankommen", sich sammeln, innere Ruhe finden, sich entspannen. Für diese Übergangsphase eignen sich kurze Atemübungen sowie Streichelmassagen und Fantasiereisen. Alle Angebote sprechen bewusst ein bis zwei Sinne an. Traumreisen oder kindgerechte Entspannungsformen, die Grundidee des Autogenen Trainings aufgreifen, tragen dazu bei, dass die einzelnen Kinder sich auf die Ruhephase einlassen können. Zudem wird bei diesen Übungen die Wahrnehmung geschult und die Fantasie gefördert.

Zeitlupen-Pantomime

Spieler/innen: ab 3 Kinder

Alle Kinder sitzen im Stuhlkreis und wählen ein Kind aus, das in die Kreismitte tritt. Es überlegt sich eine alltägliche Handlung, wie zum Beispiel Geschirr spülen, Wäsche waschen, Zähne putzen oder Hausaufgaben erledigen. Sind alle Kinder ganz leise, stellt das Kind seine Idee vor, allerdings im Schneckentempo und ohne ein Wort zu sagen! Wer glaubt, die alltägliche Handlung zu erkennen, hebt die Hand – das Kind im Kreis bleibt sofort regungslos stehen und bittet das betreffende Kind, seine Vermutung preiszugeben. War die Beobachtung richtig, werden die Rollen getauscht. Ansonsten führt das Kind seine Bewegungsabläufe ganz langsam weiter fort, bis ein anderes Kind sich per Handzeichen meldet.

Spielvariante: Die Spielleitung schreibt ein Wort bzw. die einzelnen Buchstaben ganz langsam in die Luft. Die Kinder versuchen das Luftwort zu „lesen". Wer richtig geraten hat, übernimmt die Spielleitung.

Wer verbirgt sich hinter der 13?

Spieler/innen: ab 8 Kinder
Material: eine Augenbinde

Die Kinder sitzen im Stuhlkreis und bestimmen ein Kind, das sich in die Kreismitte setzt und die Augen verbunden bekommt. Das Kind nennt nun laut eine Zahl zwischen 1 und 30, zum Beispiel die Zahl 13. Die Kinder im Stuhlkreis zählen jetzt von 1 bis 13 – wobei die Spielleitung jeweils auf ein Kind deutet, das die entsprechende Zahl nennt. Aufmerksam hört das Kind in der Kreismitte zu und wartet ab, bis die Zahl 13 genannt wird. Wer verbirgt sich hinter der 13? Welches Kind hat die Zahl ausgesprochen? Das muss das Kind in der Kreismitte an der Stimme erkennen. Gelingt das, wechseln die Kinder die Plätze und das Spiel beginnt von vorn. Erlaubt sind kleine Tipps, d.h. das gesuchte Kind darf ein bis zwei Hinweise geben, zum Beispiel seine Haar- oder Augenfarbe preisgeben.

Meeresrauschen

Klänge, Geräusche, Musik können Anlass oder Auslöser sein, um nach innen zu horchen, still zu werden und zu sehen, was für Bilder entstehen. Ganz gezielt eingesetzt, lassen sie Traumbilder, Fantasiebilder, Wunschbilder entstehen.
Hier ein Angebot für die Kleingruppe: Die Kinder setzen sich um einen Tisch herum und bekommen jeweils ein Malpapier und Wachsmalstifte. Wenn alle Kinder ganz leise sind, schließen sie die Augen und die Spielleitung lässt entweder eine Entspannungsmusik mit Meeresrauschen oder eine Ocean Drum erklingen. Dabei sollen die Kinder sich vorstellen, dass sie vom Strand aus aufs Meer hinausblicken. Nach ein bis zwei Minuten bittet die Spielleitung alle Kinder, ihr „Meeresbild" in Gedanken kurz festzuhalten und schließlich die Augen zu öffnen. Nun dürfen die Kinder jeweils ein Bild von ihrem Meer malen. Anschließend bilden die Kinder einen Stuhlkreis, um sich gegenseitig ihre Werke zu zeigen.

Wunderkerzen-Kreislauf

Spieler/innen: ab 5 Kinder
Material: ein Feuerzeug, für jedes Kind eine Wunderkerze

Alle Kinder stehen im Kreis und halten jeweils eine Wunderkerze in den Händen. Ein Kind wird ausgewählt, das in die Kreismitte treten darf. Jetzt dunkelt die Spielleitung den Raum etwas ab. Sind alle Kinder ganz leise, zündet das Kind in der Kreismitte seine Wunderkerze mit dem Feuerzeug an. Mit der brennenden Wunderkerze geht es ganz langsam im Innenkreis herum. Bevor die Wunderkerze erlischt, muss es das Feuer an ein anderes Kind weitergeben, also vor einem Kind stehen bleiben, um dessen Wunderkerze mithilfe der eigenen Wunderkerze anzuzünden. Anschließend tauschen die beiden Kinder ihre Plätze und das Spiel wird fortgesetzt.

Gut getastet!

Spieler/innen: ab 1 Kind
Material: eine Sonnenblume, ein großes Blatt Papier, für jedes Kind ein Bleistift und Wachsmalstifte

Die Kinder sitzen im Stuhlkreis und alle schließen die Augen. Die Spielleitung reicht einem Kind eine Sonnenblume, die es mit den Händen behutsam abtastet. Aufgabe ist es, möglichst viele Details durch Fühlen zu entdecken. Wenn das Kind fertig ist, gibt es die Sonnenblume an seinen rechten Nachbarn weiter, der ebenfalls vorsichtig tastet etc. Sind alle Kinder an der Reihe gewesen, nimmt die Spielleitung die Sonnenblume und legt sie außer Sichtweite der Kinder ab. Erst dann dürfen die Kinder die Augen öffnen.
Wer erinnert sich an welche Details? Die Kinder zeichnen und malen

(ohne miteinander zu sprechen!) das, woran sie sich erinnern, auf ein großes Blatt Papier. Sind alle Sonnenblumen fertig gestellt, holt die Spielleitung die echte Sonnenblume hervor. Nun können die Kinder sich die Farben der Sonnenblume genau anschauen, um schließlich ihre Sonnenblume möglichst naturgetreu auszumalen. Dadurch, dass alle Kinder gemeinsam auf einem Blatt Papier malen, entsteht bald ein ganzes Feld mit vielen zauberhaften Sonnenblumen!

Die Post ist da!

Spieler/innen: *ab 8 Kinder*

Die Kinder sitzen im Stuhlkreis. Ein Kind steht in der Kreismitte, denkt sich ein Wort aus und geht dann möglichst leise im Stuhlkreis umher. Es sucht sich ein Kind aus, dem es das Wort ins Ohr flüstert. Beide Kinder tauschen die Plätze, das Kind in der Kreismitte gibt nun das Wort, das es gehört hat, an ein anderes Kind weiter. Das geht so-lange, bis die Spielleitung sagt: „Die Post ist angekommen!" Darauf-hin muss das Kind, das gerade in der Kreismitte steht, das gehörte Wort laut aussprechen. Ist die richtige Post angekommen? Das kann nur das Kind beurteilen, das sich das Wort ausgedacht hat. Kam das richtige Wort an, darf sich der letzte „Geheimnisträger" ein neues Wort ausdenken und das Spiel beginnt von vorn. War's falsch, wird das glei-che Wort noch einmal auf die „Reise" geschickt.

Spielvariante: Zwei bis drei Kinder gehen in die Kreismitte und über-legen sich jeweils ein Wort. Danach wird das Spiel wie oben beschrieben durchgeführt. Welche Wörter kommen wohl am Ende richtig an?

Woher weht der Wind?

Spieler/innen: ab 5 Kinder
Material: eine Augenbinde

Die Kinder stehen im Kreis. Ein Kind darf in die Kreismitte. Dort setzt es sich auf den Boden und lässt sich von der Spielleitung die Augen verbinden. Die Spielleitung blinzelt drei bis vier Kindern zu, die sich möglichst leise in die Kreismitte schleichen und an einem gemeinsamen Ort (den ihnen die Spielleitung anzeigt) still stehen bleiben. Nun fragt die Spielleitung laut: „Aus welcher Richtung weht der Wind?" Die Kinder in der Kreismitte spielen jetzt den Wind, atmen ganz tief ein und möglichst lang wieder aus. Das Kind mit den verbundenen Augen muss aufmerksam zuhören, die Richtung, aus der Atemgeräusche kommen bestimmen und versuchen, sie mit dem Finger anzudeuten. Richtig gelauscht? Zur Kontrolle nimmt das Kind die Augenbinde wieder ab. Danach beginnt eine neue Spielrunde.

Nach dem Regen kommt der Wind

Spieler/innen: ab 1 Kind
Material: eine Handtrommel, ein Regenstab

Zum Rhythmus der Trommel gehen alle Kinder möglichst leise durch den Raum, so lange, bis das Trommelspiel verstummt. Jetzt bleiben die Kinder stehen und spielen den Wind, indem sie ihre Füße hüftbreit nebeneinander auf den Boden stellen, die Knie nicht durchdrücken und den Oberkörper gerade halten, sodass ein optimaler Atemfluss ermöglicht wird.
Bevor jedoch der „Wind" bläst, muss die Spielleitung den Regenstab leicht schräg halten, sodass die Steinchen wie ein sanfter Regen lang-

sam durch das Dornen-Labyrinth rieseln können. Regungslos bleiben die Kinder stehen und lauschen, bis der letzte „Regentropfen" fällt. Erst dann atmen alle Kinder kräftig ein und möglichst doppelt so lange wieder aus. Damit die Kinder ihr Atemvolumen steigern, bzw. noch intensiver ein- und ausatmen, kann das Spiel wiederholt werden.

Korkenpyramide

Spieler/innen: ab 2 Kinder
Material: 5 Korken

Für dieses Spiel brauchen die Kinder fünf Korken, von denen sie drei Korken wie bei dem uralten Spiel „Dosen werfen" dicht nebeneinander auf den Tisch stellen. Anschließend werden zwei Korken wie bei einer Pyramide auf die drei Korken platziert. Auf die beiden Korken wird schließlich der letzte Korken gestellt.
Jetzt kann das Spiel beginnen, indem ein Kind sich vor den Tisch stellt und dabei leicht in die Hocke geht. Um einen festen Stand zu erhalten, sind die Beine etwas gespreizt. In dieser Position atmet das Kind kräftig ein, um dann möglichst viele Korken durch seine Atemluft umzupusten. Gewonnen hat natürlich, wer am meisten Korken umpustet.

Die Wetterfrösche

Material: eine Triangel, ein DIN-A2-Plakat

Vor Spielbeginn schreibt die Spielleitung Wetter-Sätze (siehe unten) auf ein Plakat, das an der Wand aufgehängt wird.
Die Kinder stellen sich in einer Reihe hintereinander auf und fassen dem Vordermann auf die Schultern. Das erste Kind in der Reihe steht

so, dass es die Wetter-Sätze auf dem Plakat gut sehen kann. Es darf einen Satz laut vorlesen, zum Beispiel: „Jetzt gibt es Regen, das ist ein großer Segen!"
Daraufhin klopfen sich alle Kinder gegenseitig solange mit den Fingerspitzen auf den Rücken, bis die Triangel erklingt. Das ist das Zeichen dafür, dass der erste Wetterfrosch seine Aufgabe erfüllt hat. Das Kind stellt sich ans Ende der Reihe und das vorderste Kind darf nun einen anderen Satz laut vorlesen. Wenn jedes Kind einmal Wetterfrosch war, dann ist das Spiel beendet.

Folgende Sätze sind geeignet:
„Jetzt scheint die Sonne, das ist eine Wonne!"
(Kreisförmig die flachen Hände auf dem Rücken bewegen.)
„Jetzt weht der Wind, das himmlische Kind!"
(Mit den flachen Händen den Rücken streicheln.)
„Jetzt kann ich die Wolken sehen, die immer weitergehen!"
(Mit dem Zeige- und Mittelfinger auf dem Rücken spazieren gehen.)

Auf der grünen Wiese

Spieler/innen: paarweise
Material: Entspannungsmusik, für jedes Paar eine Decke

Während ein Kind mit dem Bauch auf der Decke liegt, kniet das andere Kind neben dem liegenden Kind, sodass es mit den Händen gut den Rücken berühren kann.

Du liegst im weichen, weichen Gras
und bist so leise wie ein kleiner Has'!
(Alle Kinder sind ganz leise.)

Dabei kannst du ein paar Wolken sehn,
die immer weiter und weiter zieh'n.
(Mit dem Zeige- und Mittelfinger auf dem Rücken herumwandern.)
Die Wolken sind fort, welch ein großes Glück,
denn, schau, jetzt kommt die Sonne zurück!
(Kreisförmig eine flache Hand auf dem Rücken bewegen.)
Die Wärme der Sonne erfreut dich sehr,
die Strahlen, tun gut, gern möchtest du mehr!
(Mit den Fingerspitzen behutsam auf dem Rücken klopfen.)
Jetzt streichelt ein sanfter Wind deinen Kopf,
er weht leicht durch deinen schönen Haarschopf.
(Mit den Fingerspitzen durch das Haar gleiten.)
Der Wind, er weht, auch den Rücken hinunter,
hui, hui, das macht dich gleich frisch und munter!
(Mit einer flachen Hand den Rücken streicheln.)

Streichelmassagen

Streichelmassagen sind für Kinder entspannend und erholsam. Selbstverständlich darf jedes Kind selbst entscheiden, ob es mitmachen möchte oder nicht. Damit die Kinder die Bewegungen langsam und behutsam ausführen, empfiehlt es sich, dass die Spielleitung die Geschichte laut und deutlich erzählt und dabei die Bewegungen mit einer Hand für alle Kinder gut sichtbar in der Luft vormacht.

Strand, Sonne und das Meer

Spieler/innen: paarweise
Material: eine Ocean Drum oder eine kurze Entspannungsmusik mit Meeresrauschen, für jedes Paar eine Decke

Du liegst an einem schönen Strand
und spürst den weichen Sand.
(Mit beiden Händen den Rücken streicheln.)
Die Sonne scheint auf dich herunter
und macht das Leben gleich viel bunter.
(Eine Kreisbewegung mit einer flachen Hand auf dem Rücken machen.)
Die warmen Sonnenstrahlen tun dir gut
und machen dir ganz neuen Mut.
(Mit den Fingerspitzen sanft auf dem Rücken klopfen.)
Gerne bleibst du ein Weilchen liegen,
um viele Sonnenstrahlen abzukriegen.
(Weiterhin mit den Fingerspitzen auf dem Rücken klopfen.)
Die Sonne scheint munter weiter
und macht dich besonders heiter.
(Mit der flachen Hand sanft auf dem Rücken Kreise ziehen.)
Du schließt noch ein bisschen die Äuglein zu
und genießt jetzt das Meeresrauschen in aller Ruh'.
(Alle Kinder schließen ihre Augen und lauschen der Ocean Drum oder einer kurzen Entspannungsmusik mit Meeresrauschen.)

Sich selbst verwöhnen

Spieler/innen: ab 1 Kind

Eine Selbstmassage kann berührungsscheuen Kindern Wege eröffnen, wie auch sie zur Ruhe kommen können. (Brillenträger sollten bei der folgenden Gesichtsmassage ihre Brille absetzen.)

Eigentlich brauchen wir fast keine Sachen,
denn wir können alles mit unseren Händen machen.
(Die Hände gut sichtbar in die Luft heben.)
Auf der Stirnmitte streicheln wir mit den Fingerspitzen umher,

das tut besonders gut und gefällt uns bestimmt allen sehr.
(Mit den Fingerspitzen die Stirnmitte streicheln.)
Langsam streicheln wir zu den Schläfen hin,
dann weiter zu den Ohren, zur Nase bis zum Kinn.
*(Langsam bis zu den Schläfen, den Ohren, der Nase und zum Kinn
streicheln.)*
Bei den Wangen machen wir einen Kreis,
denn das tut besonders gut, wie jeder weiß.
(Kreisförmig die Wangenknochen mit den Fingerspitzen streicheln.)
Jetzt streicheln wir in Richtung Ohren hinauf zum Kopf
und berühren mit beiden Händen unseren Schopf.
*(Die Ohren mit den Fingerspitzen bis hin zum Kopf streicheln.
Anschließend beide Hände auf den Kopf legen.)*
Nun fassen wir behutsam mit unseren Fingern die Haare an,
denn jetzt ist das Haarkämmen von den Wurzeln bis zu den Spitzen dran.
(Die Fingerspitzen wie ein Kamm durch die Haare gleiten lassen.)
Langsam wollen wir uns selbst wieder wecken
und uns deshalb ausgiebig recken und strecken.
(Langsam aufstehen und sich dabei recken und strecken.)

Kurze Fantasiereisen

Kinder lassen sich gern auf eine Fantasiereise ein, denn sie mögen das Eintauchen in magische Bildwelten. Entspannende Fantasiereisen brauchen eine angenehme Atmosphäre: ein ruhiger, etwas abgedunkelter Raum, mit einigen Teelichtern beleuchtet, für jedes Kind eine Decke, evtl. auch ein Kopfkissen. Natürlich entscheiden die Kinder selbst, ob sie sich auf die Fantasiereise einlassen wollen. Die Teilnahme ist immer freiwillig. Lassen Sie sich von den nachfolgenden Beispielen anregen, vielleicht selbst magische Geschichten zur Entspannung zu erfinden!

Wenn der Raum abgedunkelt ist, die Teelichter im Raum verteilt sind, legt sich jedes Kind bequem auf seine Decke und schließt nach Möglichkeit die Augen. Erst wenn alle Kinder sich auf ihrer Decke wohl fühlen und leise sind, beginnt die Spielleitung mit ruhiger Stimme und eher langsam eine der folgenden Geschichten vorzutragen.

Spaziergang am Seeufer

Stell dir vor, du bist an einem großen See. Es ist ein schöner Sommertag. Der Himmel ist blau und das Licht der Sonnenstrahlen spiegelt sich im seidenweichen Wasser. Das ist ein herrlicher Anblick. Verständlich, dass sich hier sehr viele Fischarten, aber auch Amphibien und Insekten rundum wohl fühlen. Wie du so auf den See blickst, kannst du auch zahlreiche Wasserpflanzen entdecken. Besonders auffallend sind die edlen Seerosen. Ihre Blüte ist eine der schönsten unter den Blumen. Ganz in der Nähe der Seerosen kannst du eine Schwanenfamilie entdecken. Auf dem Rücken der fürsorglichen Schwanenmutter sitzen die kleinen Schwäne ganz bequem und sicher. Ruhig schwimmt die Schwanenfamilie auf dem großen See umher. Und Ruhe ist auch in dir. Dein Atem geht ein und aus, ein und aus. Du atmest ganz gleichmäßig und ganz von allein.
Du gehst langsam am Seeufer entlang. Hier gibt es viele Uferpflanzen zu sehen. Das hohe und biegsame Schilf ist im Bodenschlamm fest angebracht. Es bietet vielen Tieren gute Versteckmöglichkeiten. Wie du so am Seeufer entlang gehst, kannst du eine farbenprächtige Libelle beobachten, die über die Wasserfläche fliegt. Du gehst ein Weilchen am Seeufer weiter und schaust dir alles ganz genau an. Unter einem Baum beschließt du, dich ein wenig auszuruhen. Die Sonne scheint angenehm warm auf deinen Bauch.
Du bist ganz ruhig und atmest gleichmäßig ein und aus, ein und aus. Du fühlst die Stille um dich herum, die dir Kraft gibt.

Nach einer Weile hast du genügend Kraft geschöpft. Du kehrt langsam wieder in den Raum zurück. Du öffnest deine Augen, ballst deine Hände zu Fäusten und reckst dich. Nun stehst du langsam über die Seitenlage auf. Du stellst dich auf deinen Platz, streckst deine Arme in die Luft und rufst ganz laut: „Ich bin so herrlich frisch wie das Seewasser!"

Wie ein Wildpferd am Strand

Die Fantasie ist grenzenlos. Deshalb stell dir vor, du bist ein Wildpferd, das direkt am Meer ganz gemütlich durch den weichen endlosen langen Sandstrand schreitet. Du setzt ein Bein nach dem anderen auf den weichen Sand und genießt die leichte Windbrise, welche sanft um deine Mähne durchstreift. Mit weit geöffneten Nüstern schnupperst du in der Luft und du riechst das Meeressalz und nimmst den Geruch der Algen wahr.
Du spürst die Kraft des Meeres, die auch in dir ist. Du fühlst dich wohl und bist ganz ruhig.
Dein Atem geht ein und aus, ein und aus. Du atmest ganz gleichmäßig und ganz von allein.
Hier am Strand gefällt es dir besonders gut. Du galoppierst gemächlich durch das seichte Wasser, das Wasser spritzt auf und kühlt deine Beine, bis du eine schöne Bucht entdeckst. Dort möchtest du dich ein wenig ausruhen. Die Sonne scheint angenehm warm auf deinen Rücken. Du blickst zum Himmel, wo ein paar Möwen ruhig und gleichmäßig am Horizont entlanggleiten.
Du schaust ihnen zu und spürst tief in dir die Stille. Du bist ganz ruhig und atmest ein und aus, ein und aus. Du atmest ganz gleichmäßig und ganz von allein.
Nach einer Weile bist du ganz ausgeruht und entspannt. Du machst dich auf den Weg zurück zum Stall. Wieder schreitest durch den wei-

chen Sand am Strand entlang, bis du schließlich im Stall ankommen bist. Jetzt weißt du, dass du nur zum Strand galoppieren brauchst, wenn du wieder einmal neue Kraft schöpfen möchtest.

Langsam kehrst du wieder in den Raum zurück und öffnest deine Augen. Du ballst deine Hände zu Fäusten und reckst dich. Nun stehst du langsam über die Seitenlage auf. Du streckst und reckst die Arme in die Luft und sagst dabei laut: „Ich bin fit und munter wie ein Wildpferd!"

Leise kommt der Buchstabendieb

Spieler/innen: ab 8 Kinder
Material: eine Triangel, große ausgeschnittene Buchstaben aus Pappe

Bis auf ein Kind, das den Buchstabendieb spielt, bilden alle Kinder einen Kreis und geben sich gegenseitig die Hände. Während die Kinder ihre Augen schließen, legt die Spielleitung hinter irgendeinem Kind einen beliebigen Buchstaben aus Pappe ab. Sobald die Triangel erklingt, schließen alle Kinder ihre Augen. Ohne sich gegenseitig loszulassen, gehen die Kinder ganz langsam im Kreis herum, indem sie immer einen Schritt nach rechts machen und mit dem linken Fuß aufschließen. Das geht solange, bis die Triangel erneut erklingt. Jetzt müssen alle Kinder sofort stehen bleiben und herausfinden, ob der „Buchstabendieb" zu ihnen kommt oder nicht. Denn der läuft jetzt im Außenkreis los! Glaubt ein Kind, dass der „Buchstabendieb" sich direkt hinter seinem Rücken den Buchstaben holt, dann hebt es die Hand. Stimmt die Vermutung des Kindes, dann dürfen alle Kinder ihre Augen öffnen. Danach darf das betreffende Kind ein Wort, welches mit dem Buchstaben beginnt, benennen und das Spiel auf die gleiche Art fortsetzen.

Privat!

Fantasiereisen und Streichelmassagen sind gut geeignet, um den Übergang von der Schulzeit in den neuen Tagesabschnitt zu gestalten. Neben diesen Angeboten sollten die Kinder in der Einrichtung Rückzugsmöglichkeiten finden, wo sie ganz allein zur Ruhe kommen können, wie z.B. in einer kleinen Schreibwerkstatt.

Ein einfaches Schulheft genügt, um alltägliche Erlebnisse festzuhalten. Hier können die Kinder sich ihre Erlebnisse und die damit verbundenen Emotionen von der Seele schreiben. Beim Durchblättern des Heftes lassen sich im Laufe der Zeit Erlebnisse, die längere Zeit zurückliegen, wieder ganz leicht ins Gedächtnis rufen. Kinder, die regelmäßig ihre Erlebnisse auf das Papier bringen, lernen zudem, in Zusammenhängen zu schreiben und sich präzise auszudrücken, sodass die Schreibweise verbessert und der innere Monolog gefördert wird.

4.
Jetzt wird nicht mehr still gesessen!

Spiele und Aktionen zur Förderung von Bewegungsfreude und Motorik

Spielend und sich bewegend lernen Kinder, es sind ihre elementaren Ausdrucksformen! Die meisten Schulen haben das längst erkannt, sie integrieren Bewegung in den Unterricht und bieten in den Pausen vielfältige Spielmöglichkeiten.

Eine bewegungsanregende Raumgestaltung ist daher wichtig, mit Räumen, die mit einfachen und vielseitig nutzbaren Materialien wie Autoreifen, Wolldecken und Kletterwand ausgestattet sind. Eine solche Umgebung animiert Kinder zum spontanen Bewegen. Angeleitete Mitmachideen tragen ebenfalls dazu bei, dass Kinder ihren Bewegungsdrang ausleben können. Im Folgenden werden einige dieser Ideen vorgestellt. Wichtig ist, dass die Angebote nach dem Bedürfnis und dem Interesse der Gruppe ausgewählt werden und so gestaltet sind, dass alle Kinder sich voller Freude und mit viel Spaß bewegen.

Farben fangen

Spieler/innen: ab 8 Kinder

Die Gruppe steht im Kreis und zählt ein Kind aus, das den „Fänger"
spielt und sich in die Kreismitte stellt. Während das Kind in die Runde
schaut, nennt es eine beliebige Farbe, zum Beispiel Rot. Jetzt müssen diejenigen Kinder, die etwas Rotes anhaben, sofort loslaufen, denn
der „Fänger" versucht eines der betreffenden Kinder zu schnappen.
Wurde ein Kind gefangen, dann bilden die übrigen Kinder einen Kreis
um den Fänger und seinen Gefangenen. Sobald der Fänger laut eine
neue Farbe nennt, versuchen sich beide Kinder als Fänger. Auf diese
Weise wird das Spiel immer weitergeführt. Das Kind, das am Ende
noch frei herumläuft, darf das Spiel neu beginnen.
Um den Kindern zu helfen, dürfen die übrigen Kinder ein Haus machen,
indem sie vom Platz aus ihre Beine etwas spreizen. Gejagte Kinder
können jetzt in ein freies Haus, bzw. unter die Beine der Kinder kriechen
und sich solange ausruhen, bis sie von einem anderen Kind berührt
und somit befreit werden. Auf diese Weise wird das Spiel immer weitergeführt, bis ein Kind gefangen wurde oder gar alle Kinder in einem „Haus" festsitzen. Anschließend beginnt eine neue Spielrunde
mit einem weiteren Kind.

Hüpfecken-Spiel

Spieler/innen: ab 3 Kinder
Material: Kreide oder Klebestreifen, für jedes Kind einen Schaumstoffball

Je nach Anzahl der Kinder wird entweder ein großes Drei-, Vier-, Fünf-
oder Sechseck auf den Boden gemalt (oder mithilfe von Klebestreifen

geklebt). Die Kinder stellen sich jeweils an einer Ecke auf und bekommen von der Spielleitung einen Schaumstoffball, den sie sich zwischen die Oberschenkel klemmen. Ein Kind stellt sich ohne Ball in die Mitte der Figur und ruft ganz laut: „Auf die Ecken los!" Jetzt müssen alle Kinder blitzschnell mit ihrem Ball in die Figur hineinhüpfen, um sich eine neue freie Ecke zu suchen. Dabei muss auch das Kind in der Kreismitte eine freie Ecke finden, indem es auf einem Bein hüpft. Anschließend darf das Kind, das keine freie Ecke finden konnte, seinen Ball einem Kind ohne Ball übergeben und das Spiel erneut beginnen.

Verrückte Schuhjagd

Spieler/innen: ab 6 Kinder
Material: Schuhe der Kinder, ein leerer Wäschekorb

Die Hälfte der Kinder zieht Schuhe und Socken aus. Die Socken werden zur Seite gelegt, alle rechten Schuhe kommen in einen Wäschekorb. Den linken Schuh hält jedes Kind in den Händen. Die Kinder setzten sich auf den Boden und schließen die Augen. Unterdessen holen die anderen Kinder sich jeweils einen Schuh aus dem Korb heraus. Sobald die „Diebe" mit den rechten Schuhen in der Hand durch den Raum laufen, dürfen die Kinder die Augen öffnen und das Kind fangen, das gerade ihren Schuh weggenommen hat. Wer am schnellsten seinen „Schuhdieb" schnappt, ist Sieger!

Spielvariante: Immer ein Kind muss zwei Kinder schnappen, die jeweils einen der beiden Schuhe entwendet haben.

Fische fangen

Spieler/innen: ab 8 Kinder
Material: pro Paar ein Gymnastikseil

Zwei Kinder spielen die Fischer: jeder hält das Seilende eines Gymnastikseils in der Hand. Das Seil wird zwischen den Kindern möglichst straff gespannt – das ist das Netz. Alle andere Kinder spielen die Fische, die munter im Meer umherschwimmen, d.h. die Kinder laufen durch den Raum und machen dabei Schwimmbewegungen. Die beiden „Fischer" versuchen möglichst viele Fische in ihrem Netz zu fangen. Sie laufen den Fischen solange hinterher, bis sie einen mit dem Seil berühren. Das gefangene Kind holt sich ebenfalls ein Seil und wartet am Spielfeldrand, bis erneut ein „Fisch" ins „Netz" geht. Aus zwei gefangenen Fischen wird ein neues Fischergespann, das sich nun ebenfalls zum Angeln aufs Meer begibt. Laufen nur noch zwei Kinder frei herum, dann dürfen sie das Spiel von Neuem beginnen.

Blindekuh im geschlossenen Kreis

Wie beim altbekannten Spiel „Blindekuh" stellen sich die Kinder im Kreis auf. Ein Kind geht in die Kreismitte und bekommt von der Spielleitung die Augen verbunden.
Anders als beim ursprünglichen Spiel fassen sich die Kinder jetzt an den Händen – und dürfen sich nicht loslassen! Wenn das Kind in der Kreismitte versucht, ein Kind im Kreis zu fangen, müssen die Kinder gemeinsam weglaufen. Dabei rufen sie ganz laut: „Fang uns doch, blinde Kuh!" Reißt die Kette, müssen sich die Kinder wieder in ihre Ausgangsposition begeben und das Spiel wiederholen. Wurde ein Kind gefangen, dann darf es die „blinde Kuh" sein.

Wer springt wie ich?

Spieler/innen: ab 12 Kinder
Material: für jedes Kind ein Springseil, flotte Tanzmusik, ein Gong, Klebepunkte

Die Spielleitung bereitet Zettel für die mitspielenden Kinder vor, auf denen unterschiedliche Sprungarten notiert sind. Die Zahl der Varianten ergibt sich daraus, dass sich die Kinder am Ende des Spiels in Dreier- bzw. Vierergruppen zusammenfinden sollen.

Beispiele für Sprungarten:
* Seil vorwärts schwingen und abwechselnd mit den Beinen springen,
* Seil vorwärts schwingen und mit geschlossenen Beinen springen,
* Seil vorwärts schwingen und mit einem Bein springen,
* Seil rückwärts schwingen und abwechselnd mit den Beinen springen
* Seil rückwärts schwingen und mit geschlossenen Beinen springen etc.

Zum Rhythmus der Musik bewegen sich alle Kinder durch den Raum und tauschen dabei ihre Zettel miteinander aus. Das wird solange fortgesetzt, bis die Musik plötzlich stoppt. Jeder schaut jetzt auf seinen Zettel und probiert die dort notierte Sprungart am Platz aus. Dabei schauen sich die Kinder auch ein wenig um. Denn wenn der Gong erklingt, müssen alle Kinder sofort aufhören zu springen und sich mit denjenigen Kindern zusammentun, die wie sie selbst gesprungen sind. Die Kinder, die sich am schnellsten finden konnten, erhalten einen Klebepunkt. Danach wird das Spiel wiederholt. Nach einigen Durchgängen werden die Kinder mit den meisten Klebepunkten ermittelt, sie bekommen einen kräftigen Applaus.

Wer fängt, gewinnt!

Spieler/innen: ab 8 Kinder
Material: Bälle (ein Ball weniger als Kinder mitspielen)

Alle Kinder stehen im Kreis und werfen sich einen Ball möglichst schnell zu. Lässt ein Kind den Ball fallen, holt es sich einen weiteren Ball, geht im Außenkreis herum und prellt dabei den Ball auf den Boden. Unterdessen hat ein Kind im Innenkreis den Ball aufgenommen, und dort geht das Fangspiel weiter. Bis ein weiteres Kind den Ball fallen lässt und sich in den Außenkreis einreiht. Wenn sich nur noch zwei Kinder im Innenkreis gegenseitig den Ball zuwerfen, ist das Spiel beendet.

Spielvariante: Die Kinder, die im Kreis stehen, müssen den Ball möglichst rasch ihrem rechten Nachbarn übergeben. Fällt einem Kind der Ball auf den Boden ... geht das Spiel wie oben beschrieben weiter.

Fangen und verkleiden

Spieler/innen: ab 4 Kinder
Material: für jeweils zwei Kinder ein Rock, ein Tuch und ein Hut

Alle Kleidungsstücke werden wahllos im Raum verteilt. Danach bilden die Kinder zwei gleich große Gruppen. Die erste Gruppe läuft durch den Raum, verfolgt von der zweiten Gruppe. Wird ein Kind aus der ersten Gruppe von einem Kind aus der zweiten Gruppe gefangen, dann muss es sofort stehen bleiben und sich auf den Boden setzen. Sein „Fänger" sucht unterdessen möglichst schnell einen Rock, ein Tuch und einen Hut im Raum und zieht dann die einzelnen Kleidungsstücke dem von ihm gefangenen Kind an. Sieger ist das Kind, dem die Verkleidungsaktion am schnellsten gelingt.

Pedalo-Malerei

Spieler/innen: ab 6 Personen
Material: zwei Pedalos und zwei Stück Kreide, eine Pfeife

Die Spielleitung bereitet für jedes mitspielende Kind einen Zettel vor, auf dem ein (malbarer) Begriff steht, wie zum Beispiel Haus, Sonne, Hund etc.

Die Kinder bilden zwei gleich große Gruppen, die gegeneinander antreten. Jede Gruppe stellt sich hintereinander auf, etwa 3 Meter entfernt von einer Tafel(hälfte). Die Spielleitung gibt den beiden ersten Kindern der Gruppen jeweils ein Pedalo und ein Stück Kreide sowie einen Zettel, auf dem ein Begriff notiert ist. Beim Startpfiff beginnt das Spiel:

Die Kinder steigen auf ihre Pedalos und rollen zur Tafel. Dort angekommen, malen sie den Begriff, der auf dem Zettel notiert war, fahren dann so schnell wie möglich wieder zu ihrer Gruppe zurück, um dem nächsten Kind das Pedalo und die Kreide zu überreichen. Die beiden ersten Kinder aus der Gruppe erhalten jetzt einen neuen Zettel, auf dem ein weiterer Begriff zum Malen steht. Welche Gruppe ist zuerst fertig?

Wieselflinkes Ballspiel

Spieler/innen: ab 10 Kinder
Material: ein Ball

Die Kinder bilden zwei gleich große Gruppen. Die erste Gruppe stellt sich im Kreis auf, die zweite Gruppe bildet vier Schritte dahinter einen Außenkreis, sodass immer ein Kind genau hinter einem anderen steht. Die Kinder im Innenkreis werfen einander einen Ball zu. Die

Kinder im Außenkreis müssen aufpassen! Denn sobald ihr „Partner" im Innenkreis den Ball fängt, muss das betreffende Kind sofort reagieren, nach vorne laufen und seinen „Partner" an der Schulter berühren. Gelingt ihm das, bevor der Ball weitergegeben wurde, tauschen die beiden Kinder ihre Plätze.

Eins, zwei oder drei?

Spieler/innen: ab 12 Kinder
Material: eine Handtrommel, vier Pylone, ein DIN-A5 Blatt für jedes Kind, drei schwarze, dicke Stifte, doppelseitiges Klebeband

Die Kinder bilden drei gleich große Gruppen. Jedes Kind bekommt ein DIN-A5 Blatt und schreibt darauf mit einem dicken schwarzen Stift jeweils die Nummer der Gruppe, zu der es gehört – also eine 1, 2 oder 3. Danach befestigen sich die Kinder gegenseitig ihr Blatt mit doppelseitigem Klebeband auf dem Rücken.
Die Ecken eines überschaubaren Spielfelds werden mit vier Pylonen markiert. Nun kann das Spiel beginnen.
Zum Rhythmus der Trommel gehen die Kinder kreuz und quer über das Spielfeld. Wenn das Trommelspiel aufhört, bleiben alle Kinder stehen. Die Spielleitung ruft eine Zahl – eins, zwei oder drei. Ruft sie zum Beispiel die Zahl 2, müssen alle Kinder mit der Rückennummer 1 oder der 3 sofort das Spielfeld verlassen und zu einer Ecke des Spielfelds laufen. Denn nur so können sie den Kindern mit der Rückennummer 2 entkommen, die sie jagen. Bevor eine neue Spielrunde beginnt, werden jeweils die gefangenen Kinder gezählt, sodass nach drei Durchgängen die Siegergruppe ermittelt werden kann.

Hühnereierdiebe schnappen

Spieler/Innen: ab 12 Kinder
Material: für alle Kinder (bis auf drei) ein Suppenlöffel und ein Ei aus Plastik, ein Paar Laufdosen oder Stelzen für jedes Kind

Drei Kinder erhalten jeweils ein Paar Laufdosen (oder Stelzen). Sie spielen die Hühner, die zunächst ganz friedlich auf ihrer Hühnerstange sitzen. Drei Schritte von den „Hühnern" entfernt stehen die „Hühnereierdiebe", die ihnen den Rücken zuwenden. Jeder „Dieb" hält einen Suppenlöffel in der Hand, auf dem ein Ei aus Plastik liegt. Auf ein Startzeichen der Spielleitung müssen die „Hühnereierdiebe", ohne ihre Eier festzuhalten oder auf den Boden zu werfen, möglichst schnell fliehen, da nun die „Hühner" die Verfolgungsjagd aufnehmen. Die Kinder, die gefangen wurden oder unterwegs ihr Ei verloren haben, müssen in der nächsten Spielrunde die „Hühner" unterstützen, indem sie sich ebenfalls ein Paar Laufdosen oder Stelzen holen. Wenn alle Hühnereierdiebe gefangen sind, ist das Spiel beendet.

Sackhüpfen-Fangspiel

Spieler/innen: ab 8 Kinder
Material: ein Kartoffel- oder Zwiebelsack für jedes Kind

Alle Kinder stehen im Kreis und steigen in ihren Sack, den sie mit den Händen festhalten. Ein Kind wird bestimmt, das mit seinem Sack im Außenkreis herumhüpft und schließlich ein Kind mit den Fingern antippt. Das angetippte Kind zählt ganz laut bis drei, erst dann darf es dem Kind hinterher hüpfen, um es zu fangen. Sollte das gelingen, dann muss das gefangene Kind ein Pfand abgeben, zum Beispiel eine Haarspange oder eine Socke. Um die Pfandabgabe zu verhindern, muss

69

das gejagte Kind so schnell wie möglich versuchen, in die Lücke im Kreis zu hüpfen.

Nach einigen Durchgängen dürfen die Pfandsachen von den betreffenden Kindern wieder eingelöst werden, indem sie zum Beispiel in den Sack steigen und ...

- einmal rückwärts im Außenkreis herumhüpfen,
- insgesamt zehnmal vom Platz aus vor und wieder zurück hüpfen,
- einmal durch den Raum hüpfen,
- rückwärts im Raum umherhüpfen,
- auf der Stelle wie ein Gummiball auf und abspringen etc.

Wer ist der größte Putzteufel?

Spieler/innen: ab 2 Kinder
Material: Papierschnipsel, Kreide, ein Besen für jedes Kind

Im Raum werden jede Menge Papierschnipsel auf dem Boden verteilt. Spielen nur wenige Kinder mit, dann treten die Kinder gegeneinander an. Ansonsten werden zwei bis drei gleich große Gruppen zusammengestellt. Jede Gruppe markiert mit Kreide eine beliebige Stelle auf dem Boden.

Jeder erhält nun einen Besen und alle Kinder warten auf das Kommando der Spielleitung, die ganz laut ruft: „1, 2, 3, 4, 5, 6, 7 welche Gruppe wird wohl die meisten Papierschnipsel kriegen?" Jetzt müssen alle möglichst viele Papierschnipsel zusammenkehren. Jede Gruppe befördert ihre Schnipsel zur markierten Stelle. „Putzteufel" darf sich die Gruppe nennen, die den größten Papierschnipselhaufen zusammentragen konnte.

Anmerkung: Sind nicht so viele Besen wie Kinder vorhanden, dann können die Kinder die Papierschnipsel auch mit den Händen einsammeln.

Wo ist Pünktchen?

Spieler/innen: ab 6 Kinder
Material: ein Klebepunkt, eine Stoppuhr

Die Kinder bilden zwei gleich große Gruppen. Eine Gruppe verlässt den Raum. Während die erste Gruppe vor der Türe wartet, darf ein Kind aus der zweiten Gruppe das Pünktchen spielen, d.h. sich einen Klebepunkt an einer beliebigen Körperstelle, zum Beispiel am Oberarm, anheften. Anschließend laufen alle Kinder durch den Raum. Jetzt wird die erste Gruppe wieder hereingeholt, die ebenfalls umherläuft, um das „Pünktchen" zu suchen. Die Spielleitung nimmt mit der Stoppuhr die Zeit: Wie lange dauert es, bis das „Pünktchen" gefunden wird? Anschließend tauschen die Gruppen ihre Rollen. Sieger ist die Gruppe, die das „Pünktchen" am schnellsten entlarven konnte.

Wer schnappt den Ball?

Spieler/innen: ab 8 Kinder
Material: ein Ball

Bis auf zwei Kinder bilden alle Kinder einen Kreis. Eines der beiden Kinder stellt sich in die Kreismitte und prellt einen Ball auf den Boden. Unterdessen läuft das andere Kind im Außenkreis herum und tippt irgendwann einem Kind auf die Schulter. Während das angetippte Kind losrennt, um dem Kind in der Kreismitte den Ball abzujagen, hüpft das andere Kind auf einem Bein einmal um den Außenkreis herum. Gelingt es ihm, in die Lücke im Kreis zu hüpfen bevor der Ball den Besitzer gewechselt hat, dann darf dieses Kind ein zweites Kind auswählen und das Spiel erneut beginnen. Gelingt es ihm nicht, tauschen die beiden Kinder die Rollen und wiederholen das Spiel.

Bockspringen-Paarfangen

Mitspieler: ab 6 Kinder

Zwei Kinder werden ausgezählt: sie sind die Fänger und halten einander an den Händen. Alle anderen Kinder müssen vor den beiden Fängern weglaufen. Wenn sich ein Kind von den beiden (die sich keinesfalls loslassen dürfen!) in die Enge getrieben fühlt, kann es sich eine Ruhepause verschaffen, indem es einen „Bock" spielt: auf der Stelle stehen bleiben, die Beine grätschen und dabei den Kopf zum Boden neigen. In dieser Position muss das Kind solange warten, bis ein anderes Kind mit viel Anlauf über seinen Rücken springt – nun ist es wieder frei und kann im Spielfeld umherlaufen. Wird ein Kind von den Fängern erwischt (mit der Hand berührt), muss es einem Fänger die Hand geben und zu dritt ein weiteres Kind fangen, mit dem es dann wiederum ein Paar bildet und sich auf die Jagd begibt. Im Laufe des Spiels wird es natürlich immer schwieriger, den Fängern zu entkommen!

Hai-Alarm!

Spieler/innen: ab 8 Kinder
Material: ein Gymnastikreifen weniger als Anzahl der Kinder, flotte Tanzmusik oder eine Handtrommel, kleine Zettel

Bis auf ein Kind legen alle Kinder jeweils einen Gymnastikreifen auf den Boden. Danach erhält jedes Kind einen klein zusammengefalteten Zettel. Die Spielleitung hat auf einen der Zettel den Satz aufgeschrieben: „Ich bin ein gefährlicher Hai!". Die übrigen Zettel sind leer. Sobald die Musik zu hören ist, gehen alle Kinder im Rhythmus der Musik durch den Raum. Begegnen sich zwei Kinder, dann tauschen sie ihre Zettel miteinander aus. Auf diese Weise wird das Spiel solange fortgesetzt, bis die Musik stoppt. Jetzt müssen alle Kinder ihre Zettel auseinander falten und nachschauen, ob etwas draufsteht. Das Kind, das den gesuchten Zettel in den Händen hält, liest den Satz laut vor. Daraufhin müssen die übrigen Kinder ganz schnell auf den Hai-Alarm reagieren und sich auf eine freie „Insel" retten, d.h. in einen freien Reifen springen. Wird ein Kind vom Hai gefangen, dann muss es sofort stehen bleiben. Zum Schluss darf der „Hai" seine „Beute" zählen. Stehen mehr als zwei Kinder im Raum, dann hat der „Hai" gewonnen!

Was packst du in den Koffer?

Die Kinder stehen im Kreis, ein Kind in der Kreismitte. Alle fragen das Kind in der Kreismitte: „Was packst du in den Koffer?" Das Kind blickt in die Runde und nennt laut ein beliebiges Kleidungsstück, es ruft zum Beispiel: „Kurze Hosen!" Daraufhin müssen alle Kinder, die kurze Hosen tragen, sofort weglaufen, denn das Kind in der Kreismitte versucht, sich eines der betreffenden Kinder zu schnappen. Um den gejagten Kindern zu helfen, dürfen die übrigen Kinder ein rettendes Haus bilden, indem sie mit gespreizten Beinen stehen bleiben, sodass gejagte Kinder unter dieses „Dach" kriechen können. Hier können sie sich solange ausruhen, bis sie von einem anderen Kind berührt werden und die Jagd weitergeht. Das Spiel dauert so lange, bis ein Kind gefangen wird oder aber alle Kinder in einem „Haus" festsitzen. Anschließend beginnt eine neue Spielrunde.

5.

Die Hausaufgaben
leichter bewältigen

Spiele und Aktionen zur Förderung der Konzentrations- und Merkfähigkeit

„Puh, immer diese Hausaufgaben!", so stöhnen viele Kinder. Hausaufgaben sind Stressfaktor, Streitpunkt, nicht selten Austragungsort für andersgelagerte Konflikte – oft funktionieren sie nicht so, wie sie eigentlich sollten, nämlich zur Einübung, Vertiefung und selbstständigen Anwendung des im Unterricht Erlernten. Eine positive Arbeitsatmosphäre und vor allem die richtige, individuelle Lerntechnik sind die Voraussetzungen dafür, dass Kinder Hausaufgaben nicht als Frustübung verstehen und erleben.

Kinder brauchen Angebote, die ihnen helfen, den Lernstoff zunächst mit allen Sinnen und in Bewegung aufzunehmen. Im Folgenden werden Spiele vorgestellt, die die Konzentrations- und Merkfähigkeit fördern, ohne den natürlichen Bewegungsdrang der Kinder zu vernachlässigen.

Buchstaben-Rückenfühlspiel

Spieler/innen: ab 8 Kinder
Material: kleine leere Zettel, ein Kugelschreiber

Die Kinder sitzen im Stuhlkreis. Die Spielleitung übergibt einem Kind einen Zettel, auf dem sie ein Wort aufgeschrieben hat. Die Kinder im Stuhlkreis schließen die Augen, im Außenkreis geht leise das Kind herum, das den Zettel gelesen hat. Es bleibt hinter einem beliebigen Kind stehen und schreibt ihm mit dem Zeigefinger den ersten Buchstaben des Wortes auf den Rücken. Danach geht es wieder im Kreis herum, bis es hinter einem anderen Kind stehen bleibt und den zweiten Buchstaben schreibt. Auf diese Weise wird das Spiel solange weitergeführt, bis das Kind alle Buchstaben des Wortes geschrieben hat. Anschließend dürfen die Kinder ihre Augen öffnen. Nun zeigt das Kind nacheinander auf die einzelnen Kinder, die ihren gefühlten Buchstaben laut der Gruppe mitteilen. Dabei muss die Gruppe versuchen, das Wort herauszufinden. Wurde das Wort erkannt, dann beginnt eine neue Spielrunde mit einem weiteren Wort.

Papas Bauch

Spieler/innen: ab 12 Kinder
Material: Tanzmusik, 24 Zettel mit jeweils einem Buchstaben des Alphabets

Bei dem folgenden Spiel lernen Kinder die einzelnen Buchstaben bewusst wahrzunehmen und die Anlaute von unterschiedlichen Wörtern herauszuhören.
Jedes Kind erhält einen Zettel, auf dem jeweils ein Buchstabe notiert ist. Anschließend wird eine flotte Tanzmusik eingeschaltet. Im Rhyth-

mus der Musik bewegen sich alle Kinder solange durch den Raum, bis die Musik stoppt. Jetzt bleiben alle Kinder wie versteinert stehen und hören der Spielleitung zu, die zwei beliebige Wörter wie zum Beispiel „Papa!" und „Bauch!" ruft. Daraufhin müssen die beiden Kinder, die auf ihrem Zettel die gesuchten Anlaute „P" oder „B" stehen haben, sich zu erkennen geben, aufeinander zugehen und sich gegenseitig die Hand schütteln. Wurde die Aufgabe richtig erfüllt, schaltet die Spielleitung die Tanzmusik wieder ein und eine neue Spielrunde beginnt.

Buchstaben sticken

Um die Kinder beim Buchstabenlernen zu unterstützen, eignen sich Angebote, die die Konzentrationsfähigkeit und die Augen-Hand-Koordination fördern:
Die Spielleitung schreibt einen großen Blockbuchstaben auf die Tafel. Jedes Kind holt sich einen Stickkarton und stickt den Buchstaben mit Nadel und Faden. Da kein Muster vorgegeben ist, entstehen unterschiedlich große und geformte Buchstaben, die sich die Kinder gegenseitig im Stuhlkreis zeigen.
Spielvariante: Buchstaben oder Zahlen aus Knete oder aus Ton anfertigen.

Buchstaben pusten

Spieler/innen: ab 1 Kind
Material: Papierschnipsel und ein Bleistift

Die Kinder schreiben auf kleine Papierschnipsel jeweils einen Buchstaben des Alphabets. Die Schnipsel werden auf einer Tischseite verteilt. Jetzt wird ein Kind ausgezählt, das mit dem Spiel beginnt. Aufmerksam hört das Kind zu, wie die Spielleitung zum Beispiel „Dose!" sagt. Seine Aufgabe ist es, den Schnipsel mit dem richtigen Anfangsbuchstaben auf die andere Hälfte des Tisches zu pusten, in diesem Fall also das „D". Gelingt das nicht, dann muss das nächste Kind sein Glück versuchen. Erst wenn der betreffende Papierschnipsel das Ziel erreicht hat, nennt die Spielleitung ein neues Wort, mit einem Anfangsbuchstaben, der sich noch auf dem Tisch befindet.

Spielvariante: Der Reihe nach muss das Kind die einzelnen Buchstaben, die in einem von der Spielleitung genanntem Wort vorkommen, auf die andere Tischhälfte pusten.

Bild-Reim-Paare finden

Spieler/innen: ab 6 Kinder
Material: vierundzwanzig Bildmotive von denen sich immer zwei Wörter miteinander reimen

Reime bereiten Kindern großes Vergnügen und regen dazu an, auf die Lautstruktur der Sprache zu achten. Damit die Kinder nicht nur Reimwörter hören, sondern auch gleich die dazu passenden Bilder vor Augen haben, eignet sich das folgende aufgeführte Tischspiel.

Die Kinder sitzen um einen Tisch herum. Zwölf Bildkärtchen werden gut sichtbar ausgebreitet. Die Spielleitung hält den Stapel mit den 12 übrigen Kärtchen in den Händen (mit den entsprechenden Bildmotiven bzw. passenden Reimwörtern) und eröffnet das Spiel, indem sie das erste Kärtchen vom Stapel abhebt und auf den Tisch legt. Zum Beispiel ist auf diesem Bild eine Hose zu sehen. Jetzt müssen die Kinder blitzschnell reagieren und das gesuchte Wort bzw. Bildmotiv, das sich auf Hose reimt, finden. Vielleicht gibt es ein Kärtchen, auf dem eine Dose zu sehen ist. Wer zuerst auf das passende Motiv zeigt, darf das Bildpaar beiseite legen, übernimmt den Kartenstapel und darf das Spiel fortsetzen. Wenn alle Bild-Reim-Paare gefunden sind, ist das Spiel beendet.

Satz-Suche

Spieler/innen: ab 8 Kinder
Material: für jedes Kind einen Zettel und einen Stift, eine Handtrommel

Die Kinder bilden zwei bis drei gleich große Gruppen und überlegen sich innerhalb ihrer Gruppe einen Satz, der genauso viele Worte hat, wie Mitglieder in der Gruppe sind. Jedes Kind aus der Gruppe schreibt ein Wort des Satzes auf seinen Zettel. Nun beginnt das Spiel. Zum Rhythmus der Trommel gehen alle Kinder durch den Raum und tauschen mit den Kindern aus ihrer Gruppe die Zettel aus. Stoppt das Trommelspiel, finden sich alle Gruppenmitglieder schnell zusammen und versuchen, sich so schnell wie möglich so aufzustellen, dass der ursprünglich ausgedachte Satz zu lesen ist. Die Gruppe, die als erste in der richtigen Reihenfolge steht, hat gewonnen.

Wie viele Wörter hat der Satz?

Spieler/innen: ab 12 Kinder
Material: eine Handtrommel

Zum Rhythmus der Trommel gehen alle Kinder durch den Raum. Wenn das Trommelspiel aufhört, bleiben die Kinder stehen und die Spielleitung spricht laut, deutlich und langsam einen Satz, wie zum Beispiel

„Wir sind eine Gruppe!" Wie viele Wörter hat dieser Satz? Das müssen die Kinder ganz schnell abzählen (still, in Gedanken) und sich dann in Gruppen zusammenfinden, die der Anzahl der Worte im Satz entspricht, in unserem Beispiel also in Viierergruppen. Die Gruppe, die die Aufgabe zuerst erfüllen konnte, darf aus ihrer Mitte ein Kind auswählen, das in der nächsten Spielrunde die Rolle der Spielleitung übernimmt bzw. sich einen neuen Satz ausdenkt.

Bildergeschichten spielen

Einigen Kindern fällt es schwer, eine Bildergeschichte zu erzählen. Damit die Aufgabe leichter zu bewältigen ist, kann ein kleiner „Umweg" über das Darstellungsspiel sehr hilfreich sein:
Die Kinder betrachten zunächst in aller Ruhe die Bildergeschichte. Anschließend bilden immer vier bis sechs Kinder eine Gruppe und überlegen sich gemeinsam, wie sie die Bildergeschichte darstellen könnten. Wenn die einzelnen Rollen verteilt sind, spielen die Gruppen sich gegenseitig die Geschichte vor.
Mit einem solchen Darstellungsspiel lässt sich auch ein Gedicht viel leichter merken und der Inhalt einer Geschichte bleibt länger im Gedächtnis.

Bebilderte Geschichten

Spieler/innen: ab 1 Kind
Material: eine Geschichte, pro Kind ein passendes Bild zu der Geschichte

Die Spielleitung wählt eine kurze Geschichte aus und besorgt für jedes Kind zu dem einen oder anderen Begriff, der in der Geschichte vorkommt, ein passendes Bild (zum Beispiel aus einer Illustrierten oder einem Katalog).

Wenn die Kinder im Stuhlkreis sitzen und jeder sein Bild in den Händen hält, liest die Spielleitung die Geschichte laut und deutlich vor. Kommt in der Geschichte ein Wort vor, zu dem das Bild eines der Kinder passt, steht das betreffende Kind auf und hält sein Bild gut sichtbar in die Höhe. Anschließend setzt es sich wieder und die Geschichte wird weiter vorgelesen, bis zum nächsten bebilderten Begriff.

Spielvariante: Anstelle der Bilder können die Kinder auch Zettel erhalten, auf denen Begriffe aufgeschrieben sind, die sie dann an der entsprechenden Stelle der Geschichte kurz pantomimisch oder akustisch darstellen.

Geometrisches Tischlaufspiel

Spieler/innen: ab 8 Kinder
Material: jedes Kind ein Blatt Malpapier und einen Bleistift, geometrische Formen aus Pappe, z. B. drei kleine und große Dreiecke, drei kleine und große Quadrate etc, eine Handtrommel

Alle Kinder stehen um einen Tisch herum und haben vor sich einen Bleistift und ein Blatt Papier liegen, das sie am Rand mit ihrem Namen beschriften. Zudem liegen auf dem Tisch jeweils drei kleine und große Kreise, Dreiecke, Quadrate und Rechtecke. Wenn die Handtrommel ertönt, bewegen sich die Kinder im Rhythmus um den Tisch herum. Wenn die Trommel verstummt, bleiben die Kinder stehen, und die Spielleitung ruft zum Beispiel „Kleiner Kreis!". Jetzt müssen alle Kinder versuchen, einen der drei kleinen Kreise zu schnappen. Die Kinder, denen das gelingt, benutzen den Kreis als Schablone und zeichnen auf ihrem Blatt den Umriss. Anschließend werden die Kreise wieder auf den Tisch zurückgelegt und das Spiel wird fortgesetzt. Konnten alle Kinder mindestens drei Umrisse zeichnen, dann versuchen sie ihre Formen kunstvoll zu gestalten, indem sie zum Beispiel aus einem Kreis eine Sonne malen oder ein Quadrat als Grundform für ein Haus verwenden. Natürlich können die Kinder mithilfe der Formen auch ein abstraktes Bild malen.

Beschreiben und die Form fühlen

Geometrische Formen prägen sich Kinder am besten ein, wenn sie sie nicht nur sehen, sondern auch beschreiben und fühlen:
Alle Kinder sitzen im Stuhlkreis. Jedes Kind bis auf eines hält eine geometrische Form in den Händen, zum Beispiel einen Kreis, ein Dreieck, ein Rechteck und ein Quadrat. Um die einzelnen Formen bewusst zu fühlen, schließen die Kinder die Augen. Das Kind, das keine Form in Händen hält, beginnt nun, eine beliebige Form zu beschreiben. Glaubt ein Kind, dass es sich hierbei um die Form handelt, die es in Händen hält, dann hebt es die Hand. Das Kind, das sich am schnellsten meldet, wird mit Namen aufgerufen und darf dann die vermutete Form benennen. Wird die Antwort bestätigt, öffnet das betreffende Kind die Augen und übergibt seine Form dem Kind, das bisher keine in Händen hielt. Anschließend wird das Spiel fortgesetzt.

Schnittmengen-Spiel

Spieler/innen: ab 8 Kinder
Material: zwei lange Seile, eine Handtrommel

Auf dem Boden werden einander überschneidend zwei große Kreise aus Seilen gelegt. Wenn die Handtrommel ertönt, bewegen sich alle

Kinder durch den Raum. Endet das Trommelspiel, ruft die Spielleitung zum Beispiel „Rot!" und deutet auf einen Kreis. Daraufhin springen alle Kinder, die etwas Rotes an ihrer Kleidung haben, in den Kreis. Damit der zweite Kreis nicht unbesetzt bleibt, ruft die Spielleitung zum Beispiel „Brillenträger!". Jetzt springen alle Brillenträger in den zweiten Kreis. Um noch die Schnittmenge zu ermitteln, ruft die Spielleitung: „Rot und „Brillenträger!". Daraufhin müssen die Kinder, die etwas Rotes an ihrer Kleidung haben und zudem Brillenträger sind, sich in die Schnittmenge begeben.

Beispiele für weitere Spielrunden:
1. Blaue Hosen – lange Haare,
2. T-Shirt – Rock,
3. Geschwister – Haustier,
4. Schuhgröße 35 – Turnschuhe,
5. Pfeifen – Instrument spielen etc.

Mengen er„fassen"

Spieler/innen: ab 1 Kind
Material: eine Augenbinde, kleine Gegenstände wie z. B. eine Murmel, ein Steinchen, ein Korken, ein Radiergummi etc., ein Säckchen

Die kleinen Gegenstände in ein Jute- oder Stoffsäckchen hineintun. Ein Kind lässt sich von der Spielleitung die Augen verbinden. Danach bittet die Spielleitung das Kind zum Beispiel darum, ...

* drei Dinge aus dem Säckchen zu holen,
* die Aufgabe 4 + 6 zu lösen, indem es zuerst vier und dann sechs Dinge aus dem Säckchen herausnimmt,
* die Aufgabe 8 - 3 zu lösen, indem es zuerst acht Dinge aus dem

Säckchen herausnimmt und davon wieder drei Dinge in das Säckchen zurücklegt.

Nach jeder Aufgabe nimmt das Kind seine Augenbinde ab, um die Dinge auf dem Tisch zu zählen bzw. das Ergebnis zu benennen. Geübtere Kinder können auch zuerst das Ergebnis nennen, bevor sie zur Kontrolle die Augenbinde abnehmen.

Rechen-Suchspiel

Spieler/innen: ab 12 Kinder
Material: große Zahlen aus Pappe

Die Kinder bilden drei gleich große Gruppen. Jede Gruppe setzt sich auf den Boden und wählt zwei Kinder aus, die gegen die Paare aus den anderen Gruppen antreten. Zuvor stellt die Spielleitung eine Rechenaufgabe, wie zum Beispiel 2 + 5. Während die einzelnen Gruppen versuchen, die Aufgabe im Kopf zu lösen, laufen die drei Paare los. Dabei muss das erste Kind drei Gegenstände und das zweite Kind fünf Gegenstände im Raum suchen. Das Paar, das als erstes die richtige Anzahl an Gegenständen zusammenträgt und zudem von der Gruppe das richtige Ergebnis genannt bekommt, verhilft seiner Gruppe zum Sieg!

Temporeiches Rechenspiel

Spieler/innen: ab 20 Kinder

Es werden zwei gleich große Gruppen gebildet, die gegeneinander antreten. Alle Kinder setzen sich auf den Boden. Die Spielleitung stellt eine Rechenaufgabe, wie zum Beispiel 3 + 5. Jede Gruppe muss nun die Aufgabe lösen, darf aber das Ergebnis zunächst nicht laut bekannt geben, sondern es stehen entsprechend viele Kinder auf, in unserem Beispiel also 8 Kinder, reichen sich die Hände und rufen dann erst laut das richtige Ergebnis.

Spielvariante: Noch schneller wird das Spiel, wenn die Spielleitung jeweils eine Zahl von 1 bis 10 nennt und entsprechend viele Kinder aus der Gruppe blitzschnell aufstehen müssen.

Zahlen wegpusten

Spieler/innen: ab 1 Kind
Material: Papier, Schere und Bleistifte

Für dieses Spiel werden Papierschnipsel mit jeweils einer Zahl von 1 bis 20 benötigt, die von den Kindern auf dem Tisch verteilt werden. Anschließend stellen die Kinder sich um den Tisch herum und bestimmen ein Kind, das mit dem Spiel beginnt. Zunächst sollen die Zahlen in der richtigen Reihenfolge vom Tisch gepustet werden, d.h. es beginnt mit der 1, pustet dann die 2 vom Tisch auf den Boden usw. Fällt eine „falsche" Zahl vom Tisch oder bleibt die „richtige" trotz pusten liegen, kommt das nächste Kind an die Reihe.

Spielvariante: Die Spielleitung stellt einem Kind eine Rechenaufgabe, zum Beispiel 9 + 4, die das Kind lösen muss. Kann das Kind das richtige Ergebnis nennen, dann muss es versuchen, den Papierschnipsel, auf dem die Zahl 13 steht, vom Tisch auf den Boden zu pusten.

Zahlenbesitzer gesucht!

Spieler/innen: ab 5 Kinder
Material: für jedes Kind einen Zettel, einen Stift und ein Stück Tesafilm, eine Handtrommel

Die Kinder bilden einen Kreis und zählen die Gruppenmitglieder, indem ein Kind nach dem anderen eine Zahl nennt. Jedes Kind schreibt die von ihm genannte Zahl auf ein Stück Papier. Anschließend kleben die Kinder sich gegenseitig ihre Zettel auf den Rücken.
Zum Rhythmus der Handtrommel gehen alle Kinder durch den Raum. Dabei versucht jedes Kind sich die Zahlen mit den dazugehörigen Kindern gut zu merken. Denn sobald das Trommelspiel verstummt, nennt die Spielleitung eine beliebige Zahl, wie zum Beispiel 3. Jetzt müssen alle Kinder blitzschnell das Kind, das die Zahl 3 auf dem Rücken stehen hat, suchen, und hinter dem betreffenden Kind eine Schlange bilden. Danach setzt das Trommelspiel wieder ein, zu dessen Rhythmus das Kind mit der Zahl 3 die Schlange durch den Raum führt. Wenn die Trommel verstummt, nennt die Spielleitung eine neue Zahl und ein neues Spiel beginnt.

Rechenkönig, wie viele Hüpfer darf ich machen?

Spieler/innen: ab 3 Kinder

Wird das uralte Spiel „Kaiser, wie viele Schritte darf ich gehen" etwas abgeändert, dann kann es folgendermaßen gespielt werden:
Bis auf ein Kind stehen alle Kinder direkt vor einer Wand. Das Kind, das den Rechenkönig spielt, steht vor der gegenüberliegenden Wand. Nun fragt das erste Kind aus der Reihe: „Rechenkönig, wie viele Hüp-

fer darf ich machen?" Daraufhin stellt der Rechenkönig dem Kind eine Rechenaufgabe, wie zum Beispiel 5 + 9. Konnte das Kind das richtige Ergebnis nennen, dann darf das Kind insgesamt 14 mal in Richtung des Kindes hüpfen. Danach kommt das nächste Kind an die Reihe. Auf diese Weise wird das Spiel solange weitergeführt, bis ein Kind direkt neben dem „Rechenkönig" steht und diesen ablöst.

Hüpfen, springen, subtrahieren

Spieler/innen: ab 1 Kind
Material: ein Kieselsteinchen, ein Stück Kreide

Auf das Pflaster malen die Kinder zehn Kästchen nacheinander auf, sodass in jedes Kästchen der Fuß des größten Kindes gut hineinpasst. In die einzelnen Kästchen werden die Zahlen von 1 bis 10 hineingeschrieben. Nun beginnt das Spiel.

Ein Kind stellt sich vor das erste Kästchen und versucht sein Steinchen in irgendein Kästchen hineinzuwerfen. Liegt das Steinchen zum Beispiel im Kästchen mit der Zahl 6, dann muss es solange mit einem Bein von einem Kästchen in das andere hüpfen, bis es schließlich im Kästchen mit dieser Nummer steht und den Stein aufheben kann. Anschließend nennt die Spielleitung eine niedrigere Zahl, wie zum Beispiel 2, die das Kind von der Zahl 6 abziehen muss. Dazu hüpft das Kind zwei Kästchen zurück. Bevor jedoch das Kind auf das Ergebnis im Kästchen schaut, muss es versuchen, die Rechenaufgabe im Kopf zu lösen.

Wurde das richtige Ergebnis genannt, dann darf es die Rolle der Spielleitung übernehmen und einem weiteren Kind eine Rechenaufgabe stellen.

Würfel-Hüpfkästchenspiel

Spieler/innen: ab 1 Kind
Material: eine Stück Kreide oder Klebestreifen, zwei große Schaumstoffwürfel

Auf dem Boden werden 12 Kästchen nacheinander aufgezeichnet oder mithilfe eines Klebebands aufgeklebt, sodass bequem der Fuß des größten Mitspielers in die einzelnen Kästchen hineinpasst. In die Kästchen werden die Zahlen von 1 bis 12 hineingeschrieben. Nun darf ein Kind mit zwei Schaumstoffwürfel gleichzeitig würfeln. Danach wird die Punktzahl beider Würfeln addiert. Je nachdem welches Ergebnis herauskommt, muss das Kind mit einem Bein solange von einem Kästchen zum anderen hüpfen, bis es in dem Kästchen mit der „richtigen" Zahl bzw. dem Ergebnis steht. Beim Hüpfen muss es stets darauf achten, keine Linie mit dem Fuß zu berühren, denn das kostet ein Pfand. Sind alle Kinder an der Reihe gewesen, dann dürfen die Besitzer ihre abgegebenen Pfandstücke wieder einlösen, indem sie zum Beispiel ...

- ein kleines Kunststück vorführen,
- einen Witz erzählen,
- die erste Strophe eines Liedes vorsingen,
- ein Gedicht aufsagen,
- einen Rhythmus mit den Händen auf dem Stuhl trommeln etc.

Spielvariante: Anstelle des rechten Beines mit dem linken Bein hüpfen.

Beschreiben und erkennen

Spieler/innen: ab 2 Kinder (Kleingruppe)
Material: viele unterschiedliche Gegenstände wie z.B. ein Bauklotz, ein Blatt Papier, ein Schuh, ein Teller, eine Zahl aus Pappe etc.

Auf einem Tisch werden unterschiedliche Dinge platziert. Während die Kinder alle Gegenstände, die auf dem Tisch liegen, gut anschauen, beginnt die Spielleitung das Spiel, indem sie in Gedanken einen Gegenstand auswählt: Einen Bauklotz z. B., der hat Eigenschaften, die die Spielleitung aufzählt, mit zutreffenden Eigenschaftswörtern wie hart, kantig und stabil. Die Kinder müssen unterdessen den gemeinten Gegenstand herausfinden – und wenn sie ihn gefunden haben bzw. wenn alle Eigenschaften auf diesen Gegenstand zuzutreffen scheinen, darauf deuten. Dasjenige Kind, das am schnellsten die Aufgabe erfüllen konnte, darf das Spiel fortsetzen, es übernimmt die Spielleitung und beschreibt einen weiteren Gegenstand.

Variante: Der gesuchte Gegenstand wird mit Eigenschaften beschrieben, die gerade nicht zutreffen, was weich ist wird als hart beschrieben, was kantig wird rund ... Eine ganz schön schwierige Variante, aber es finden sich immer Kinder, die Spaß haben, „um die Ecke zu denken"

6.
Den Bildern Flügel geben

Mitmachideen zur Förderung von Fantasie und Kreativität

Malen, drucken, kleben und modellieren, der Umgang mit den unterschiedlichsten Materialien, Farben und Werkstoffen – den meisten Kindern macht das Spaß und viele entdecken beim Ausprobieren und Experimentieren ein Medium, in dem sie sich selbst ausdrücken können, besser vielleicht als in der Schrift oder im Sprechen.

Damit die Kinder auch bei den im Folgenden vorgestellten angeleiteten Aktionen ihrer Fantasie freien Lauf lassen können, brauchen diese keinesfalls so wie beschrieben übernommen werden. Vielmehr sind die hier zusammengetragenen Mal- und Bastelaktionen als Anregungen zu verstehen. Sie können und sollen mit etwas Fantasie und Kreativität jederzeit verändert, ergänzt oder erweitert werden.

Getropfte Blumenwiese

Material: eine gelbe, rote und braune Kerze, ein Feuerzeug, für jedes Kind ein Blatt weißes Malpapier, Buntstifte und Wachsmalstifte

Die Kinder malen mit Buntstiften eine bunte Blumenwiese. Danach werden die Kerzen angezündet. Jedes Kind darf nun Wachs auf das Papier tropfen, indem es die Kerze leicht schräg hält. Dieser Vorgang kann mit Kerzen in unterschiedlichen Farben wiederholt werden, sodass am Ende die gemalte Blumenwiese mit farbigen Punkten gesprenkelt ist. Mit Wachsmalstiften gestalten die Kinder die einzelnen Tropfen weiter. So kann aus einem roten Tropfen ein Marienkäfer werden, aus einem gelben Tropfen ein Zitronenfalter und aus einem braunen Tropfen wird vielleicht eine Ameise.

Mosaik-Box

Material: Deko Art-Mosaiksteinchen, ein Silikon- oder Alleskleber, eine Flasche Fugenmasse (für ca. 200 g Steinchen), für jedes Kind ein ausgewaschenes Marmeladen- oder Honigglas

Die Kinder legen die leuchtenden Mosaiksteinchen aus Glas, die es in verschiedenen Farben und Formen gibt, direkt vor sich auf den Tisch. Danach tragen sie auf ihr Marmeladen- oder Honigglas Silikon- oder Alleskleber auf. Nun kann das einfache Glas mit den farbenfrohen Steinchen bestückt werden. Wenn der Kleber getrocknet ist, werden die Zwischenräume mit einer im Bastelmarkt erhältlichen Fugenmasse verfugt.

Alles Müll, oder was?

Es sind nicht immer aufwändige und kostbare Materialien, die die kreative Fantasie der Kinder am besten anregen. Aus sauberen Verpackungsmaterialien, wie zum Beispiel Milchtüten, Jogurtbechern, Keksschachteln, Butter- und Schokoladenpapier etc. lassen sich wunderbare Kunstwerke herstellen. Vom witzigen Rennauto bis zum Roboter, vom Traumhaus bis zum Fantasie-Urtier – aus „Müll" können die witzigsten Dinge entstehen. Der Fantasie sind keine Grenzen gesetzt.

Wolken-Himmelsbild

Material: ein „Wolken" Vario-Karton (50 x 70 cm) oder ein Stück Tapete mit Wolkenmuster, Faltpapier in verschiedenen Farben, für jedes Kind eine Schere und Klebstoff

Alle Kinder erhalten jeweils einen „Wolken" Vario-Karton. Die Kinder betrachten die aufgedruckten Wolken und überlegen sich, was sie schon einmal am Himmel gesehen haben. Anschließend zeichnen die Kinder zum Beispiel ein Flugzeug, einen Vogel oder einen Heißluftballon auf ihr Faltpapier auf, schneiden das Motiv aus und kleben es auf ihrem „Wolken"-Himmel auf.

Bastelvariation: Vario-Karton mit folgenden Motiven:
- Sternenhimmel (ein Weltallbild mit unterschiedlichen Planeten, Raumschiffen etc.)
- Schnee (ein Schneebild mit Eisbären, Iglu, Eskimos etc.)
- Wasser (ein Seebild mit Fischen und Wasserpflanzen etc.)

Rupf-Zupf-Meeresbild

Material: für jedes Kind Cromar-Transparentfarbe in den Farben
weiß und blau, ein hellblauer, großer Fotokarton, ein Kugelschreiber,
farbige Krepppapierstreifen und Wackelaugen

1. Auf einem hellblauen Fotokarton werden abwechselnd eine Reihe
blaue und eine Reihe weiße Wellenlinien großzügig mit Cromar-
Transparentfarben aufgetragen.
2. Den Fotokarton in der Mitte knicken und mehrmals mit der flachen Hand über die obere Seite streichen, sodass sich die Farben
zwischen den Seiten verteilen.
3. Danach den Fotokarton auseinander klappen und die Farbe trocknen lassen.
4. Von den (ca. 4 cm breiten) Krepppapierstreifen etwa 5 cm lange
Stücke abreißen.
5. Die Krepppapierstreifen zerknüllen und lockere Knäule formen.
6. Auf den vorbereiteten Fotokarton die Umrisse von Fischen, Wasserpflanzen, Muscheln o. Ä. aufmalen und etwas Klebstoff auf die
einzelnen Flächen auftragen.
7. Dann die Knäule auf die Flächen drücken und dicht nebeneinander platzieren.
8. Zum Schluss kleine Wackelaugen in das Gesicht der Wassertiere
kleben.

Lederkette mit Anhänger

Material: eine Modellierunterlage, eine lufttrocknende, ungiftige Modelliermasse, kleine Ausstechformen, ein Handroller, Modellierbesteck
oder eine dicke Nadel, Farben mit hoher Deckfähigkeit, ein dünner Lederriemen und ein Malkittel für jedes Kind

Auf einer Modellierunterlage rollt jedes Kind ein kleines Stück Modelliermasse aus, sodass eine gleichmäßige, dicke Fläche entsteht. Danach stechen die Kinder aus der Modelliermasse eine beliebige Form aus, zum Beispiel einen Stern, ein Herz oder einen Hasen. Um die gewählte Form als Kettenanhänger tragen zu können, stechen die Kinder ein kleines Loch in die Form. Nach dem Trocknen ziehen die Kinder ihren Malkittel an und bemalen ihren Anhänger. Ist die Farbe getrocknet, ziehen sie einen dünnen Lederriemen durch das Loch und verknoten die Enden.

Kunterbuntes Kratzbild

Material: für jedes Kind weißes Malpapier, Wachsmalstifte (kein schwarz) und ein Kratzer

Die Kinder malen ihr weißes Malpapier mit Wachsmalstiften bunt an. Ist kein Weiß mehr zu sehen, dann übermalen die Kinder ihr Bild mit einer beliebigen Farbe, jedoch nicht mit schwarz! Anschließend wiederholen sie den Vorgang mit einer anderen Farbe. Sind drei bis fünf verschiedene Farbschichten aufgetragen, ritzen die Kinder mithilfe des Kratzers zum Beispiel ein fantasievolles Muster, Figuren, Pflanzen oder andere Dinge in die Farbschichten.

Foto-Puzzle

Material: ein Foto von jedem Kind, Fotokarton (DIN-A4), Bucheinbandfolie, ein Kugelschreiber und ein Lineal für jedes Kind

Die Kinder machen von ihrem Foto eine DIN-A4 Fotokopie, die sie jeweils auf einen DIN-A4 Fotokarton kleben. Die Oberfläche wird mit

einer selbstklebenden, durchsichtigen und abwaschbaren Bucheinbandfolie beklebt. Die Rückseite des Fotokartons teilen die Kinder mithilfe eines Kugelschreibers und einem Lineal in Rechtecke und Quadrate auf. Wer möchte, kann zudem in die Rechtecke ein bis zwei
diagonale Linien einzeichnen, sodass bis zu vier kleine Dreiecke entstehen. Nun wird das Bild entlang der vorgezeichneten Linien zer-
schnitten – und fertig ist das Foto-Puzzle!

Stempel selbst gemacht

Jedes Kind kann sich seinen ganz individuellen Stempel anfertigen, indem es auf eine kleine Pappschachtel (zum Beispiel für Tee-
beutel) eine kleine „Kostbarkeit" klebt, wie zum Beispiel ein
Stück Schnur, ein Herz aus Holz, ein Stern aus Moosgummi, ein
Stück gemusterte Tapete, ein Tier aus Schaumgummi etc. Zum
Stempeln können die Kinder die gut deckenden und kräftigen Tem-
perafarben benutzen, die untereinander mischbar sind.

Mein eigenes Türschild

Material: für jedes Kind eine ca. 4 cm dicke Sperrholzplatte, eine
Laubsäge, Schleifpapier, ein Wandhaken, ein Malkittel, Marabu „Fun
Liner Magic" in verschiedenen Farben (Plusterstifte), Bastelkleber,
Nuggets, Federn etc.

Ein eigenes Türschild, auf dem zum Beispiel „Bitte nicht stören!" oder
„Bitte anklopfen!" steht, sorgt dafür, dass die Kinder sich in ihrem
Zimmer ungestört fühlen. Auf diese Weise lassen sich vor allem auch
Hausaufgaben viel ruhiger erledigen.

Und so wird's gemacht:

1. Aus einer Sperrholzplatte wird ein rechteckiges Stück (30 x 15 cm) ausgesägt.
2. Die Sägekanten mit Schleifpapier abrunden.
3. Den gewünschten Text mit Marabu Fun Liner auf das Türschild schreiben und die Farbe trocknen lassen.
4. Die Schrift mit einem starken Föhn (oder ca. 5 Minuten im Backofen bei 150°C) aufplustern, sodass ein dreidimensionales Schriftbild entsteht.
5. Das Türschild mit kleinen Kostbarkeiten wie Federn, Nuggets oder Mosaikplättchen verzieren (aufkleben).
6. Schließlich auf der Rückseite des Türschilds zwei Wandhaken zum Aufhängen anbringen.

Glänzender Bilderrahmen

Material: für jedes Kind ein rechteckiger Pappteller, Alufolie, Klebstoff, gummierte Klebeblättchen aus Glanzpapier in verschiedenen Farben und Formen, eine Schere, eine Fotografie vom Kind, doppelseitiges Klebeband

Die Kinder überziehen ihren Pappteller jeweils mit einem Stück Alufolie. In der Mitte des Tellers wird ein Foto aufgeklebt. Verziert wird der Bilderrahmen mit gummierenden Klebeblättchen (unterschiedliche Motive wie Herzen, Blumen oder geometrische Figuren). Doppelseitiges Klebeband auf der Rückseite des Bilderrahmens befestigen. Nun können die Kinder ihr Bild aufhängen.

Wollspiralen-Bild

Material: für jedes Kind ein großer Fotokarton, ein Bleistift, ein Woll-knäuel, eine Schere und Klebstoff, Transparentpapierreste

Auf einen großen Fotokarton zeichnet jedes Kind eine große Spirale, deren Spur es mit dem Klebstoff nachzieht. Haftet genügend Kleb-stoff auf der Spirale, dann schneidet jedes Kind einen langen Woll-faden ab, um diesen entlang der Klebspur zu befestigen. Danach wer-den die Zwischenräume der „Wollspirale" mit Klebstoff ausgefüllt, um die Transparentpapierreste aufzukleben.

Er steht im Regen ...

Material: für jedes Kind ein großes, weißes Malpapier, ein Karton, ein Bleistift, ein Spritzsieb, blaue Wasserfarbe, ein Becher mit etwas Was-ser und eine Zahnbürste

Alle Kinder ziehen ihre Malkittel an und malen auf ihren Karton den Umriss eines Menschen, der einen aufgespannten Regenschirm in der Hand hält. Anschließend schneiden sie die Silhouette aus und plat-zieren sie in der Mitte ihres Malpapiers. Nun beginnt der Farb-Re-genspaß: Die Zahnbürste wird ins Wasser getaucht und dann im Farb-topf kreisförmig gerührt. Haftet genügend Farbe an der Bürste, nehmen die Kinder das Sieb in die Hand und halten es direkt über ihr Malpapier. Wenn sie jetzt mit der Zahnbürste über das Sieb strei-fen, spritzen ganz feine Farbtropfen aufs Papier – lauter Regentrop-fen. Zum Schluss wird die Schablone entfernt und der Mensch im Re-gen ist gut zu sehen.

Piratentuch

Material: weiße Baumwollstoffreste, Nähmaschine und Stoffmalfarben

1. Die Baumwollreste zu einem quadratischen Tuch (45 x 45 cm) zuschneiden.
2. Den Rand des Tuches einsäumen.
3. Das Tuch mit Stoffmalfarben bemalen.
4. Man kann das Tuch zu einem Dreieck falten und wie ein Pirat am Hinterkopf verknoten

Bastelvariation: Anstelle des Tuches ein Stirnband (ca. 5 cm breit) zuschneiden und den Rand einsäumen. Das Stirnband anmalen und die Enden an der Seite oder am Hinterkopf verknoten.

Gespensterbrosche aus Moosgummi

Material: für jedes Kind etwas weißes Moosgummi, ein Kugelschreiber, eine Schere, schwarze Glanz-Lackfarben, ein Paar kleine Wackelaugen, Klebstoff, doppelseitiges Klebeband

Die Kinder malen jeweils den Umriss eines ca. 6 cm großen Gespenstes auf ihre Moosgummi-Platte und schneiden es aus. Mit schwarzer Glanz-Lackfarbe wird das Gespenst fantasievoll bemalt. Damit es recht gruselig ausschaut, kleben die Kinder kleine Augen mit beweglichen Pupillen aus dem Bastelgeschäft auf. Die „Gespenster"-Brosche kann mit einem Stück doppelseitigem Klebeband am Pullover befestigt werden.

7.
Musik entdecken und erleben

Spiele zur Förderung des Rhythmusgefühls und der Bewegungsfreude

Kinder erleben eigentlich ständig Klänge und Rhythmen, wenn sie das Martinshorn akustisch nachahmen, durch die Pfütze patschen, voller Zorn mit der Hand auf den Tisch hauen oder ihr Team beim Fußballturnier unterstützen. Klänge, Geräusche, Töne – sie begleiten den Tag, vom Weckerklingeln bis zum Sandmännchen-Lied. Geräusche, Töne und Rhythmen gemeinsam zu entdecken und zu erleben, dazu fordern die im Folgenden beschriebenen Spiele auf. Vom Tanzspiel bis zur Geräusche-Jagd reicht das Spektrum der Angebote. Bieten Sie den Kindern die Möglichkeit, voller Neugierde, Freude und Tatendrang in die Welt der Musik einzutauchen. Dadurch, dass die Kinder spielerisch und mit dem Einsatz ihres ganzen Körpers vielfältige musikalische Erfahrungen machen, werden sie beinahe wie von selbst für Musik sensibilisiert und begeistert.

Schulter-, Finger-, Po-Boogie

Spieler/innen: ab 6 Kinder
Material: flotte Tanzmusik

Die Kinder bilden Paare und verteilen sich im Raum. Bevor die Spielleitung die Tanzmusik einschaltet, nennt sie ein Köperteil, wie zum Beispiel die Schulter. Sobald die Musik erklingt, stellen sich die einzelnen Paare einander direkt gegenüber und berühren sich gegenseitig im Takt der Musik an der Schulter. Wenn die Musik stoppt, trennen sich die Kinder und bilden neue Paare. Anschließend geht es weiter mit neuen Bewegungsformen, die am besten vor Spielbeginn mit den Kindern vereinbart und auch ausprobiert werden:

Hände: einander mit den Händen im Takt der Musik abklatschen,
Finger: sich mit den Fingerspitzen im Takt der Musik antippen,
Schulter: einander im Takt der Musik auf die Schultern klopfen,
Po: Po an Po im Takt der Musik swingen,
Füße: sich die Hände geben und im Rhythmus der Musik im Kreis herumstampfen.

Wo ist der Gong?

Spieler/innen: ab 2 Kinder
Material: ein Gong oder eine Triangel, für jedes Kind eine Augenbinde

Die Kinder versammeln sich in einer Raumecke und verbinden sich gegenseitig die Augen. Die Spielleitung sucht sich in einiger Entfernung einen Platz und schlägt, wenn es ganz ruhig ist, den Gong mehrfach an. Die Kinder versuchen nun, sich dem Klang zu nähern, solange der Ton zu hören ist. Wenn es still wird, bleiben die Kinder stehen und dürfen die Augenbinde abnehmen. Sieger ist das Kind, das die kürzeste Entfernung zum Gong hat oder sogar die Spielleitung berührt.

Rhythmisierte Paarbilder

Miteinander tanzen, das macht Spaß. Aber zu zweit ein Bild zur Musik malen, das ist eine interessante Erfahrung: Immer zwei Kinder setzen sich direkt gegenüber an einen Tisch, in der Tischmitte liegt, für beide Kinder gut erreichbar, ein großes Malpapier. Jedes Kind sucht sich einen Wachsmalstift in seiner Lieblingsfarbe aus, nimmt den Stift in die Hand und streckt den Arm Richtung Tischmitte aus, sodass jeder die Malhand des anderen berührt. Sobald jetzt Instrumentalmusik erklingt, bewegen beide Kinder ihre Hände mit den Wachsmalstiften im Rhythmus auf dem Blatt – allerdings müssen sie stets darauf achten, dass sich die Hände berühren und gleichzeitig die Stifte Kontakt zum Blatt behalten. Gar nicht so einfach! Kleiner Tipp: Am einfachsten gelingt das Spiel, wenn eines der Kinder während des Malens die Führung übernimmt. Es entstehen jedenfalls interessante Paarbilder, die die Kinder den anderen in der Gruppe vorführen können.

Tanzkreis bilden

Spieler/innen: ab 12 Kinder, gerade Anzahl an Mitspieler(n)/rinnen
Material: flotte Instrumentalmusik

Die Spielleitung schaltet die Musik ein, alle Kinder bewegen sich im Rhythmus frei durch den Raum. Stoppt die Musik, sucht sich jedes Kind einen Tanzpartner. Wenn die Musik wieder ertönt, tanzen die

Paare im Kreis herum, bis die Musik verstummt. Nun finden sich zwei Paare im Kreis zusammen. Bevor eine neue Tanzrunde startet, kann die Spielleitung eine Anweisung für die Bewegungsform geben, wie zum Beispiel „mit der Zunge schnalzen". Nun geht das Spiel weiter, bis schließlich alle Kinder in einem großen Kreis miteinander tanzen.

Anweisungen für weitere Tanzrunden können sein:
• im Takt der Musik mit den Füßen stampfen,
• sich gegenseitig die Hände geben und auf einem Bein im Kreis herumtanzen,

Rhythmusschlange, aufgepasst!

Spieler/innen: ab 3 Kinder
Material: eine Handtrommel, eine Pfeife

Alle Kinder stellen sich im Raum verteilt auf. Ein Kind bekommt die Handtrommel und spielt einen beliebigen Rhythmus. Dabei geht es im Takt durch den Raum. Nach einiger Zeit bleibt es vor einem Kind stehen, übergibt ihm die Trommel und stellt sich hinter das Kind. Dieses Kind schlägt nun die Handtrommel, setzt sich in Bewegung und beide Kinder gehen im Takt durch den Raum, solange, bis die Mini-Schlange vor einem weiteren Kind stehen bleibt, die Handtrommel weiterreicht etc. Immer länger und länger wird die Schlange. Bevor sich alle Kinder eingereiht haben, pfeift die Spielleitung: das ist das Zeichen für die noch im Raum stehenden Kinder, dass sie zu Fängern werden, die die Schlangenkinder jagen. Diese versuchen natürlich wegzurennen, um sich an einem vorher festgelegten Ort, z. B. an einem Schrank, freizuschlagen. Eines der Kinder, das nicht gefangen wurde, darf das Spiel von Neuem beginnen.

Wer gelangt zum Trommelkind?

Spieler/innen: ab 3 Kinder
Material: eine Handtrommel

Die Kinder stellen sich an einer Wand des Raumes auf (oder am Rand eines Spielfeldes auf einer Freifläche). Ein Kind hält die Handtrommel in der Hand und stellt sich in einigem Abstand den Kindern gegenüber. Wenn dieses Kind mit der Handtrommel einen Rhythmus schlägt, dürfen sich die übrigen Kinder im Takt in Richtung des Kindes bewegen. Allerdings nur solange die Trommel angeschlagen wird. Verstummt die Trommel, müssen alle Kinder wie versteinert auf der Stelle stehen bleiben. Wer sich jetzt noch bewegt, wird von dem Kind mit der Handtrommel wieder auf den Ausgangsplatz verwiesen. Das Spiel wird auf diese Weise immer weitergeführt, bis ein Kind die gegenüberliegende Wand berührt bzw. neben dem „Trommelkind" ankommt.

Rattenfänger-Flötenspiel

Spieler/innen: ab 5 Kinder
Material: Gymnastikreifen (zwei weniger als Mitspieler/innen), eine Flöte

Die Kinder verteilen die Reifen im Raum. Danach übergibt die Spielleitung einem Kind die Flöte. Dieses Kind ist der „Rattenfänger", der im Raum umhergeht und auf seiner Flöte spielt. Die übrigen Kinder sind die „Ratten". Sie folgen dem Rattenfänger, indem sie als Schlange solange hinter dem Kind hergehen, bis dieses aufhört zu flöten. Jetzt müssen sich alle Kinder blitzschnell aus der Schlange lösen, um möglichst rasch in einen freien Reifen zu springen. Das Kind, das keinen freien Reifen ergattern konnte, bekommt die Flöte und das Spiel beginnt von vorn.

Der Dirigent und sein Orchester

Spieler/innen: ab 12 Kinder
Material: flotte Tanzmusik, immer zwei bis drei Kinder erhalten das gleiche Rhythmusinstrument, wie z. B. Rasseln, Schlagstäbe, Handtrommeln oder Holzblocktrommeln

Die Kinder bilden gleich große Gruppen, bis auf ein Kind, das die Rolle des Dirigenten übernimmt. Alle Kinder in einer Gruppe bekommen das gleiche Rhythmusinstrument, zum Beispiel Rasseln, Trommeln oder Klangstäbe. Die einzelnen Gruppen stellen sich nebeneinander auf, sodass der Dirigent zu jeder Gruppe guten Blickkontakt hat. Wenn die Spielleitung die Musik einschaltet, gibt der Dirigent seine Einsätze: deutet er mit dem Zeigefinger auf eine Gruppe, zum Beispiel die mit den Rasseln, muss diese den Rhythmus der Musik begleiten. Der Dirigent kann auch mehrere Gruppen gleichzeitig zum Musizieren auffordern. Zeichen zum Aufhören ist die ausgestreckte flache Hand des Dirigenten. Die Rollen werden gewechselt, wenn die Musik endet.

Gitarrensaiten-Gruppenspiel

Spieler/innen: ab 8 Kinder
Material: eine Gitarre

Ein Kind bekommt die Gitarre, die anderen Kinder gehen langsam durch den Raum. Wenn der Gitarrenspieler die Hand hebt, bleiben sie stehen. Der Gitarrenspieler zupft nun an den Saiten (maximal sechsmal die Saiten anschlagen). Die übrigen Kinder müssen aufmerksam zuhören, in Gedanken mitzählen und sich je nach Zahl der gehörten Töne in Gruppen zusammenfinden (also zu zweit, zu viert, zu fünft oder zu sechst).

Danach gehen die Kinder erneut solange einzeln durch den Raum, bis der Gitarrenspieler die Hand hebt und die Saiten anschlägt. Beendet wird das Spiel, wenn plötzlich alle Saiten auf ein Mal erklingen. Jetzt müssen die Kinder blitzschnell zum Gitarrenspieler laufen. Wer zuerst dort ankommt, darf in der neuen Spielrunde die Gitarre spielen.

Wer sich umdreht oder lacht ...

Dies ist die musikalische Variante des alten Kreisspiels „Faules Ei" – und macht genauso viel Spaß: Bis auf ein Kind stehen alle Kinder im Kreis. Ein Kind geht im Außenkreis herum, hält dabei in der Hand eine Rassel oder ein anderes Rhythmusinstrument, und spielt einen beliebigen Rhythmus. Es sucht sich ein Kind aus, bleibt hinter ihm kurz stehen und hört auf zu spielen. Das betreffende Kind muss schnell reagieren, sich umdrehen und das Kind mit der Rassel fangen, das versucht, ihm im Außenkreis zu entkommen. Wenn es ihm gelingt, nach einer Runde in die Lücke im Kreis zu gelangen, ohne gefangen zu werden, übergibt es die Rassel und das Spiel wird fortgesetzt. Wird das Kind gefangen, muss es sich in die Kreismitte stellen. Das Spiel wird fortgesetzt – und „befreit" wird das Kind in der Kreismitte, wenn im Laufe des Spiels ein anderes Kind gefangen wird, das es ablöst.

Das Konzert der Geräuschdetektive

Spieler/innen: ab 1 Kind

Die Kinder machen sich im Gruppenraum auf die Suche nach unterschiedlichen Geräuschen. Wie Detektive erforschen sie, ob etwas klingt, wie sie etwas zum Klingen bringen können etc., indem sie zum Beispiel mit den Füßen an unterschiedlichen Stellen auf den Boden stampfen, mit der flachen Hand auf die Tischplatte patschen, mit der Faust auf den Schrank klopfen oder mit den Fingerspitzen auf den Lampenschirm tippen. Jedes Kind stellt sein Lieblingsgeräusch in der Gruppe vor. Zum Abschluss veranstalten die Geräuschdetektive ein gemeinsames Konzert: damit die unterschiedlichen Geräusche im gleichen Rhythmus zusammenklingen, schaltet die Spielleitung flotte Instrumentalmusik ein, die die Geräuschdetektive begleiten.

Rhythmusbild

Spieler/innen: ab 2 Kinder
Material: für jedes Kind ein Malkittel, ein weißes, großes Blatt Papier, Wasserfarben, ein Borstenpinsel und ein Becher halb gefüllt mit Wasser

Die Kinder ziehen sich Malkittel an und holen sich die benötigen Materialien. Danach setzten sie sich um einen großen Tisch herum. Nun wählen sie ein Kind aus, das einen beliebigen Rhythmus vorgibt, indem es zum Beispiel mit den Händen auf die Oberschenkel patscht. Die übrigen Kinder müssen sich den Rhythmus gut merken. Denn wenn das Kind aufhört zu patschen oder zu klatschen, versuchen die Kinder, den eben gehörten Rhythmus zu malen, z. B. indem sie den Borstenpinsel auf das Papier tippen, sodass Wasserfarbentupfer für kurze Töne, Striche für lange Töne entstehen. Reihum darf jedes Kind einen Rhythmus vorgeben, den die anderen Kinder jeweils „malerisch" umsetzten. So entstehen viele bunte „Rhythmusbilder", die die Kinder zum Abschluss einander vorstellen.

Der Regenmacher

Spieler/innen: ab 6 Kinder
Material: Regenschirme (für die Hälfte der Mitspieler/innen minus eins), ein Regenstock

Die Kinder bilden zwei gleich große Gruppen. Ein Kind übernimmt die Rolle des „Regenmachers" und bekommt einen Regenstock. Die übrigen Kinder aus dieser Gruppe holen sich jeweils einen Regenschirm und spannen ihn auf. Alle Kinder wandern durch den Raum, bis auf den „Regenmacher", der irgendwann den Regenstock leicht schräg hält. Dann rieseln die Kieselsteine im Inneren des Stabs durch ein Dornen-Labyrinth und es entsteht ein sanftes „Regengeräusch". Die Kinder, die keinen Schirm haben, müssen jetzt versuchen, bei einem Kind mit Regenschirm Unterschlupf zu finden. Das Kind, das keinen Regenschutz finden konnte, erhält den Regenstock und darf das Spiel erneut beginnen.

Wasser, Feuer oder Sturm?

Spieler/innen: ab 3 Kinder
Material: eine Ocean Drum, eine Rätsche, ein Stück Alufolie

Ähnlich wie das bekannte Spiel „Feuer, Wasser, Erde, Luft" verläuft das folgende Spiel: Ein Kind wird als Wettermacher bestimmt und setzt sich mit dem Rücken zu den übrigen Kindern auf den Boden, vor ihm liegen griffbereit Ocean Drum, ein Stück Alufolie und eine Rätsche. Bevor das Spiel beginnt, treffen die Kinder folgende Vereinbarungen:

- Erklingt die Ocean Drum, so bedeutet das Sturmflut – alle flüchten vor dem Wasser auf einen Stuhl oder einen Tisch.

- Das Geräusch der Rätsche bedeutet Sturm – alle bringen sich vor dem starken Wind in Sicherheit, indem sie sich flach auf den Boden legen.
- wird Alufolie zerknüllt, so hört sich das ein wenig wie ein Feuersturm an – alle flüchten vor dem Feuer in einer Ecke des Raums.

Das Spiel kann nach diesen Absprachen beginnen. Alle Kinder laufen durch den Raum, bis der „Wettermacher" die Hand hebt. Daraufhin bleiben die Kinder stehen, lauschen, was der „Wettermacher" für ein Wetter macht und reagieren entsprechend. Nach jeder Spielrunde übernimmt ein anderes Kind die Rolle des „Wettermachers".

Tipp-Tapp-Tanzbild

Nicht immer braucht man „richtige" Instrumente, um Spaß mit der Musik zu haben. Auch im Haushalt finden sich eine Menge interessanter „Geräuschgeräte", die bei dieser peppigen Aktion zum Einsatz kommen:
Den Boden mit altem Zeitungspapier auslegen, darauf eine alte Tapetenrolle ausrollen. Zunächst darf sich eines der Kinder auf die Zeitungen setzen und sich die Füße mit Fingerfarben beschmieren. Alle anderen Kinder holen sich unterdessen „Geräuschgeräte" – eine Schachtel zum Trommeln, zwei Kochlöffel zum Schlagen, eine Gewürzdose zum Rasseln etc. Das Haushaltsorchester findet sich am Rand der Spiel- und Malfläche zusammen, singt ein Lied und beginnt sein Konzert. Sobald die Musik erklingt, darf sich das Kind rhythmisch auf der Tapetenrolle bewegen – es entstehen lustige Abdrücke von den „Tanzfüßen". Da möchte natürlich jeder mal drankommen und selbstverständlich werden die Rollen gewechselt.

Schlangen-Tanz

Spieler/innen: ab 4 Kinder
Material: flotte Tanzmusik

Die Kinder stellen sich hintereinander auf. Wenn die Musik erklingt, macht der „Kopf" der Schlange, also das erste Kind in der Reihe, eine Tanzbewegung vor (es kann sich zum Rhythmus der Musik entweder auf der Stelle oder durch den Raum bewegen). Die hintendran stehenden Kinder machen die Bewegungen nach, indem sie jeweils ihren Vordermann beobachten.
Wenn die Musik leiser gedreht wird, hat der „Kopf" der Schlange seine Aufgabe erledigt, er rennt so schnell wie möglich ans Ende der Schlange, während das erste Kind in der Reihe nun den Schlangentanz erneut beginnt.

Wer spielt falsch?

Spieler/innen: ab 8 Kinder
Material: eine Stoppuhr oder eine Uhr mit Sekundenzeiger

Die Kinder teilen sich in zwei gleich große Gruppen. Eine Gruppe verlässt den Raum, die andere einigt sich unterdessen auf ein Geräusch, wie zum Beispiel klatschen, mit der Zunge schnalzen oder mit den Zehenspitzen auf den Boden tippen. Ein Kind aus dieser Gruppe darf aus der Reihe tanzen und sich ein anderes Geräusch ausdenken. Dann verstecken sich die Kinder im Raum. Wenn die zweite Gruppe den Raum betritt, beginnt das Geräuschspektakel. Es tönt aus allen Ecken und Winkeln. Aber wer tanzt aus der Reihe? Das müssen die Kinder herausfinden. Die Spielleitung kann die Zeit stoppen, die es dauert, bis der „Falschspieler" gefunden ist. Anschließend wechseln die beiden Gruppen ihre Rollen.

8.
Selbstbewusst und stark im Alltag

Spiele und Aktionen zur Stärkung des Selbstvertrauens

Das will ich, das will ich nicht – das kann ich, das kann ich nicht – jetzt mach ich mit, jetzt nicht: das sind lauter kleine, alltägliche Entscheidungen, in denen es um Wünsche, Bedürfnisse und Grenzen geht. Entscheidungen, die Kinder leichter treffen können, wenn sie ein positives Selbstbild haben. Dazu brauchen Kinder in erster Linie ein stabiles Umfeld, mit Menschen, die ihnen etwas zutrauen und auf die sie sich verlassen können. Zudem müssen Kinder lernen, dass sie ihre eigenen Gefühle bewusst wahrnehmen, an ihre Fähigkeiten glauben und sich selbst mögen. Die Meinung anderer Kinder zu respektieren und auf deren Bedürfnisse Rücksicht zu nehmen, ist nicht immer so ganz einfach. Aber man kann's üben, zum Beispiel mit den folgenden Spiel- und Aktionsideen.

Ich wünsche mir ...

Spieler/innen: ab 5 Kinder

Alle Kinder sitzen im Stuhlkreis. Ein Stuhl bleibt frei. Das Kind, das links neben diesem Stuhl sitzt, darf sich ein anderes Kind herbeiwünschen, ähnlich wie bei dem bekannten Spiel „Mein rechter Platz ist leer". Allerdings ist diese Variante etwas schwieriger, denn das Kind nennt keinen Namen, sondern sagt zum Beispiel: „Mein rechter Platz ist leer, da wünsche ich mir einen guten Fußballspieler her!" Wer sich angesprochen fühlt, hebt die Hand und das Kind wählt aus, welchen guten Fußballspieler es an seiner Seite haben möchte, der sich dann auf den freien Stuhl setzt. Nun gibt es einen neuen freien rechten Platz und ein Kind kann sich eine Leseratte, einen Nichtschwimmer, einen Rechenkönig, eine Plappertasche etc. herbeiwünschen.

Wer kann das auch?

Spieler/innen: ab 6 Kinder
Material: weiße DIN-A4 Blätter (mindestens 12), ein schwarzer Filzstift, flotte Tanzmusik

Vor Spielbeginn schreibt die Spielleitung auf jedes Blatt eine bestimmte Fähigkeit, wie zum Beispiel schwimmen, Rad fahren, rechnen, malen, Flöte spielen etc.
Das Spiel beginnt, wenn Tanzmusik ertönt. Im Rhythmus der Musik bewegen sich alle Kinder durch den Raum. Stoppt die Musik, bleiben die Kinder stehen und wenden sich der Spielleitung zu, die in jeder Hand ein Blatt in die Luft hält, auf denen jeweils eine bestimmte Fähigkeit steht. Jetzt müssen die Kinder sich schnell entscheiden, was sie besser können und sich entsprechend links oder rechts von der Spiel-

leitung aufstellen. Jede Gruppe macht pantomimisch vor, was sie so gut kann. Dann beginnt eine neue Spielrunde.

Nestflüchter

Spieler/innen: ab 6 Kinder
Material: weiße Kreide

Vor Spielbeginn einen großen Kreidekreis auf den Boden zeichnen. Die Kinder verteilen sich auf der Kreislinie, eines stellt sich in die Kreismitte. Es muss versuchen, aus dem Kreis herauszukommen. Das jedoch versuchen die anderen Kinder mit aller Kraft zu verhindern, indem sie ihre Arme weit zur Seite ausstrecken und gegebenenfalls auf der Kreislinie herumlaufen. Festhalten dürfen sie das Kind bei seinen Fluchtversuchen allerdings keinesfalls. Ist es dem Kind gelungen, eine Lücke zu erspähen und aus dem Kreis herauszukommen, ist das Spiel beendet und eine neue Runde kann beginnen.

Bärenstarkes Nein

Spieler/innen: ab 5 Kinder
Material: ein Bonbon

Die Kinder sitzen im Stuhlkreis. Ein Kind darf seinen Stuhl aus dem Stuhlkreis entfernen. Es holt sich ein Bonbon und stellt sich in die Kreismitte. Das Kind schließt die Augen, unterdessen tippt die Spielleitung einem Kind im Stuhlkreis auf die Schulter. Dieses Kind ist das „Bärenstarke Nein". Das Kind in der Kreismitte darf nun wieder die Augen öffnen und es macht sich auf die Suche nach dem „Bärenstarken Nein". Dazu geht es im Innenkreis herum, bleibt vor einem Kind stehen und fragt: „Ich habe ein Bonbon, möchtest du mit mir mitgehen?" Handelt es sich hierbei nicht um das gesuchte Kind, dann ruft das Kind begeistert „Ja!" und geht hinter dem Kind mit dem Bonbon im Stuhlkreis herum, bis dieses wieder vor einem Kind stehen bleibt und erneut seine Frage stellt. Auf diese Weise wird das Spiel solange weitergeführt, bis das Kind gefunden ist, das auf die Frage laut und deutlich „Nein!" ruft. Dies ist das Zeichen für die Kinder in der Kreismitte, sich so schnell wie möglich einen freien Platz zu suchen. Das Kind, das übrigbleibt, bekommt das Bonbon und das Spiel beginnt von vorn.

Sich jemandem anvertrauen!

Für Kinder ist es wichtig, dass sie erleben, dass es Menschen gibt, die ihnen mit Rat und Tat zur Seite stehen. Dieses Fingerspiel kann Auslöser für ein Gespräch übers „Sich anvertrauen" sein: Zuerst mit der rechten Hand eine Faust ballen und danach den Daumen ausstrecken. Nun die vier Finger der Reihe nach ausstrecken. Am Ende den „erzählenden" Daumen hin und her bewegen.

Der Daumen ist traurig und ganz allein.
Der Zeigefinger sagt: „Das kann nicht sein!"
Der Mittelfinger sagt: „Komm in unsere Mitte!"
Der Ringfinger sagt. „Wir hören deine Bitte!"
Der Kleinste sagt: „Sprich', denn das tut gut!"
Der Daumen erzählt und bekommt neuen Mut!

Auch als kleines Rollenspiel im Stuhlkreis ist diese Minigeschichte geeignet: Hierfür werden fünf Kinder ausgewählt, die der Reihe nach in die Stuhlkreismitte treten, um ihre Rolle zu spielen. Anschließend können die Kinder sich gegenseitig erzählen, welchen Personen sie sich gerne anvertrauen.

Wer fürchtet das Gespenst?

Spieler/innen: ab 5 Kinder

Alle Kinder stehen im Kreis, ein Kind in der Kreismitte. Dieses Kind ist das „Gespenst", das folgenden Dialog eröffnet:

Gespenst: „Wer fürchtet ein Gespenst?"
Kinder: „Niemand!"
Gespenst: „Und wenn es auftaucht?"
Kinder: „Dann laufen wir weg!"

Das ist das Stichwort für das „Gespenst", sich auf die Jagd nach den Kindern zu machen. Die Kinder versuchen dem „Gespenst" zu entkommen. Sobald das „Gespenst" in die Nähe eines Kindes kommt, kann dieses laut und deutlich „Nein!" rufen und dabei stehen bleiben. Es kann nun nicht vom „Gespenst" gefangen werden. Allerdings muss es warten, bis es von einem anderen Kind berührt wird, um wieder an der Jagd teilzunehmen. Gelingt es dem „Gespenst", ein Kind zu fangen, werden die Rollen gewechselt und das Spiel beginnt von vorn.

Suche im Dunkeln

Spieler/innen: ab 6 Kinder
Material: zwei Taschenlampen

Bis auf zwei Kinder verteilen sich alle anderen Kinder im Raum. Die beiden Kinder erhalten jeweils eine Taschenlampe und stellen sich in die Mitte des Raumes. Die Spielleitung verdunkelt den Raum und ruft den Namen eines Kindes. Nun schalten die beiden Kinder ihre Taschenlampen ein und machen sich auf die Suche. Bis auf das gesuchte Kind dürfen die übrigen Kinder vom Platz aus „Gespenster" spielen und versuchen, die beiden Kinder zu erschrecken. Wer das gesuchte Kind findet, umarmt es. Daraufhin wird das Licht wieder eingeschaltet und eine neue Spielrunde kann beginnen, natürlich werden die Rollen neu verteilt.

Fähigkeiten-Ratespiel

Die Kinder sitzen im Stuhlkreis, jeder erhält einen leeren Zettel, auf dem er seine Stärke notiert, also zum Beispiel Skateboard fahren, Stelzen laufen oder Kopfrechnen. Der Zettel wird zusammengefaltet und ein Kind wird ausgewählt, dessen besondere Fähigkeit die anderen Kinder erraten müssen. Dazu stellen die Kinder Fragen, die das betreffende Kind mit „Ja!" oder „Nein!" beantwortet. Für jedes „Nein" erhält das befragte Kind eine Nuss – da heißt es natürlich für die anderen aufpassen, dass es nicht zu viele Nüsse ergattert. Also müssen die Fragen gemeinsam überlegt und sorgfältig ausgewählt werden. Errät ein Kind die richtige „Stärke", dann übernimmt es selbst die Rolle des Befragten und das Spiel wird fortgesetzt.

„Ein Hund wäre nicht schlecht ..."

Spieler/innen: ab 3 Kinder

Bis auf ein Kind stehen alle Kinder nebeneinander direkt vor einer Wand, ein Kind ihnen gegenüber. Die Kinder rufen: „Welches Tier sollen wir sein?" Daraufhin muss das Kind ein Tier benennen und zum Beispiel rufen: „Ein Hund wäre nicht schlecht, aber bitte möglichst echt!" Jetzt stellen alle Kinder einen Hund dar und nähern sich krabbelnd und bellend dem Kind, bis es die Hand hebt und ganz laut „Stopp!" ruft. Alle Kinder müssen nun möglichst schnell aufstehen und versuchen, sich an einer Wand freizuschlagen, das Kind versucht, sie zu fangen. Gelingt ihm das, wird das Spiel mit neuer Rollenverteilung fortgesetzt. Ansonsten muss das Kind das Spiel mit einem anderen Tierwunsch wiederholen.

Zu zweit sind wir unschlagbar!

Spieler/innen: ab 8 Kinder

Ein Kind spielt den Löwen, der in der Steppe herumstreifen und so ganz nebenbei viele kleine Gazellen fressen möchte. Die anderen Kinder, die kleinen Gazellen, müssen versuchen, dem „Löwen" zu entkommen. Nähert sich der „Löwe" einer „Gazelle", dann kann diese ganz laut „Hilfe!" rufen und sich möglichst schnell mit einem anderen Kind verbünden, d. h. dieses anfassen. Die beiden Gazellen sind nun vorm Löwen geschützt. Ist die Gefahr vorüber, der Löwe auf der Suche nach anderen Gazellen, trennen die beiden Kinder sich wieder voneinander. Wurde ein Kind vom „Löwen" gefangen, werden die Rollen getauscht.

„E" wie enttäuscht

Spieler/innen: ab 3 Kinder

Die Kinder sitzen im Stuhlkreis, ein Kind steht in der Kreismitte. Es schließt die Augen, dreht sich im Kreis und bleibt stehen. Jetzt deutet es auf ein Kind im Stuhlkreis, das laut „A!" sagt. Danach sagt der rechte Nachbar des Kindes „B!". Auf diese Weise werden die einzelnen Buchstaben des Alphabets von den einzelnen Kindern im Kreis solange laut benannt, bis das Kind in der Kreismitte „Halt!" ruft. Zu dem zuletzt genannten Buchstaben, wie zum Beispiel E, müssen alle Kinder jetzt einen Gefühlszustand wie zum Beispiel enttäuscht, eifersüchtig oder einsam finden. Das Kind, das als erstes eine richtige Antwort geben konnte, darf den Gefühlszustand pantomimisch vorstellen und mit dem Kind in der Stuhlkreismitte die Rolle tauchen.

Wer macht hier Stimmung?

Spieler/innen: ab 5 Kinder

Ein Kind verlässt den Raum, die anderen Kinder bilden einen Stehkreis und wählen aus ihrer Mitte ein Kind aus, das beim folgenden Spiel „die Stimmung macht". Dieses Kind bringt durch seine Köperhaltung, seinen Gesichtsausdruck und seine Stimme nacheinander unterschiedliche Gefühlslagen wie traurig, glücklich, aggressiv oder zornig zum Ausdruck. Die anderen Kinder müssen dieses Kind beobachten und alles, was sie sehen und hören, möglichst rasch nachahmen.
Nun wird das Kind hereingebeten und das Spiel beginnt. Seine Aufgabe ist es herauszufinden, wer in der Runde „die Stimmung macht". Hat es das Kind erkannt, das die verschiedenen Gefühle vorgibt, ist das Spiel beendet und eine neue Runde mit neuer Rollenverteilung kann beginnen.

- weinen = mit den Händen die Augen reiben und so tun als, ob man weinen würde,
- glücklich = einen Luftsprung machen und dabei ganz laut lachen,
- zornig = Fäuste ballen, die Augen zusammenkneifen und mit den Zähnen knirschen,

- müde = sich auf den Boden setzen, den Kopf auf die Hände stützen und gähnen,
- lustlos = die Arme verschränken, den Kopf zur Seite neigen und wie ein Bär brummen etc.

Spielvariation: Anstelle eines Gefühlszustandes benennen die Kinder eine Fähigkeit.

Seiltanz zu zweit

Der zwickt immer, die schummelt, der schubst ... schnell kommt in der Gruppensituation das über die Lippen, was nervt an den anderen. Etwas schwieriger ist es, zu sagen, was man am anderen eigentlich schätzt. Dazu das folgende Spiel:
Zunächst legen die Kinder ein langes Seil auf dem Boden aus und bilden zwei gleich große Gruppen. Jede Gruppe stellt sich hintereinander an einem Seilende auf. Das erste Kind der einen Gruppe macht einen Schritt auf dem Seil, bleibt dann stehen, schaut das Kind gegenüber an und benennt, was es an diesem Kind schätzt, zum Beispiel: „Ich finde an dir gut, dass du hilfsbereit bist." Nun macht das andere Kind ebenfalls einen Schritt in Richtung seines Gegenübers, bleibt stehen und benennt eine schätzenswerte Eigenschaft. So balancieren die Kinder aufeinander zu, bis sie schließlich voreinander stehen und sich gegenseitig umarmen, bzw. für die netten Worte bedanken können.

Wünsche für die Zukunft

Spieler/innen: ab 5 Kinder

Die Kinder stehen im Kreis und überlegen sich jeweils einen Wunsch für die Zukunft. Danach beginnt ein Kind das Spiel, indem es auf ein anderes Kind zugeht und ihm die rechte Hand reicht. Dabei sagt es zum Beispiel: „Ich wünsche mir Frieden!" Danach gehen die Kinder Hand in Hand solange im Kreis umher, bis das Kind, das noch keinen Wunsch geäußert hat, vor einem weiteren Kind stehen bleibt. Jetzt äußert auch dieses Kind seinen Wunsch (zum Beispiel Gesundheit), und reicht dem Kind ebenfalls seine rechte Hand. Nun gehen die Kinder zu dritt im Kreis herum. Auf diese Weise wird das Spiel immer weitergeführt, bis alle Kinder Hand in Hand in einer Reihe stehen. Damit auch das letzte Kind in der Reihe seinen Wunsch mitteilen kann, geht es auf die Spielleitung zu, die dann das Spiel in umgekehrter Reihenfolge neu startet, indem sie den Wunsch des Kindes benennt, das neben ihr steht. Dieses Kind darf sich hinsetzten, muss aber zuvor den Wunsch seines Nachbarn benennen. Auf diese Weise wird die „Kette" langsam aufgelöst, bis alle Kinder sitzen und alle Wünsche wiederholt worden sind.

Wer fühlt wie ich?

Spieler/innen: ab 12 Kinder
Material: ein Zettel und ein Stift für alle Kinder bis auf drei

Drei Kinder werden als „Stimmungsfänger" bestimmt, die übrigen Kinder bilden drei gleich große Gruppen. Jede Gruppe erhält einen Zettel, auf dem ein bestimmter Gefühlszustand wie schlecht gelaunt, wütend oder fröhlich steht. Anschließend trennen die Kinder sich von ihrer Gruppe und verteilen sich im Raum. Die Spielleitung flüstert den drei Kindern jeweils einen der drei Gefühlszustände ins Ohr. Ihre Aufgabe ist es, Kinder zu finden, die so fühlen wie sie. Während die übrigen Kinder pantomimisch das jeweils der Gruppe vorgegebene Gefühl darstellen, müssen die drei Kinder im Raum herumgehen und versuchen, diejenigen Kinder um sich zu versammeln, die so fühlen wie sie selbst. Dabei können sie auch nachfragen, wie es den einzelnen Kinder geht. Das Kind, das als erstes all seine „Gefühlspartner" gefunden und um sich versammelt hat, hat gewonnen.

Du bist ein toller Typ!

Spieler/innen: ab 6 Kinder
Material: Fotokopien, auf denen jeweils ein Passbild von einem Kind zu sehen ist, ein Buntstift für jedes Kind, ruhige Instrumentalmusik

Damit Kinder lernen, sich etwas zuzutrauen, sich selbst und andere wertzuschätzen, eignet sich das folgende Spiel:

Alle Kinder sitzen um einen Tisch herum. Jedes Kind erhält eine Fotokopie, auf der das eigene Passbild abgebildet ist. Unter dem Passbild steht: „Du bist ein toller Typ, weil ..."
Während nun die ruhige Instrumentalmusik erklingt, schauen alle Kinder stillschweigend in die Runde und überlegen, was sie an den einzelnen Kindern besonders schätzen. Ist das Musikstück zu Ende, übergibt jedes Kind seine Kopie seinem rechten Nachbarn, der jetzt den Satz ergänzt, indem er zum Beispiel schreibt: „... weil du so gut schwimmen kannst!" Auf diese Weise wird das Spiel immer weitergeführt, bis alle Kinder auf jeder Kopie einmal den Satz ergänzen konnten. Danach erhalten alle Kinder ihre Kopie mit ihrem Passbild und dem mehrfach positiv zu Ende formulierten Satz wieder zurück.

Register

G

H

I

K

L

M

N

V

W

Z